100年前からの警告
福島原発事故と朝河貫一

武田 徹・梅田秀男・佐藤博幸

花伝社

100年前からの警告——福島原発事故と朝河貫一◆目次

文献篇

資料篇

はじめに

二〇一一年三月一一日の東京電力福島原発事故を受け、二〇一二年七月五日に「東京電力福島原子力発電所事故調査委員会」（国会事故調、黒川清委員長）の報告書が出された。黒川委員長はその冒頭談話でこう記している。

「一〇〇年ほど前にある警告が福島が生んだ偉人、朝河貫一によってなされていた。朝河は、日露戦争に勝利した後の日本国家のありように警鐘を鳴らす書『日本の禍《か》機《き》』を著し、日露戦争以後に『変われなかった』日本が進んで行くであろう道を、正確に予測していた。

『変われなかった』ことで、起きてしまった今回の大事故に、日本は今後どう対応し、どう変わっていくのか。これを、世界は厳しく注視している。この経験を私たちは無駄にしてはならない。国民の生活を守れなかった政府をはじめ、原子力関係諸機関、社会構造や日本人の『思い込み（マインドセット）』を抜本的に改革し、この国の信頼を立て直す機会は今しかない。この報告書が、日本のこれからの在り方について私たち自身を検証し、変わり始める第一歩となることを期待している。」

外国人向けに作られた国会事故調エグゼクティブ・サマリーには、日本語版の「はじめに」とは異なる次の文が含まれている。

"What must be admitted –very painfully– is that this was a disaster "Made in Japan." Its fundamental causes are to be found in the ingrained conventions of Japanese culture: our reflexive obedience; our reluctance to question authority; our devotion to 'sticking with the program'; our groupism; and our insularity. Had other Japanese been in the shoes of those who bear responsibility for the accident, the result may well have been the same."

（誠に残念であるが、今回の事故は「日本製」の災害であると認めざるをえない。その根本的な原因は、日本文化に深く根付いた数々の慣習に見いだすことが出来る。すなわち、条件反射的な従順さ、権威に疑念を抱くことへのためらい、「あらかじめ設定されたこと」の忠実な実行、集団主義、そして、島国根性。今回の事故に責任を負う立場に、別の日本人が就いたとしても、結果は同じだったかも知れない。）

これらは、正に朝河貫一が「議論の前に妥協する。公的であれ私的であれ、堅い信念に基づいて主張・行動しない」等「ウォーナー宛書簡」[1]（一九四六年）の中で述べた日本人の国民性の辛辣な批判と合致する。一〇〇年以上前に朝河は、すでにその弱点を指摘していたのである。日本人が朝河の諫言を聞き入れ、議論を重ね、欠点を乗り越える努力をしていたら、福島原発事故は起こらなかったであろう。

福島第一原発爆発事故から丸三年、「国会事故調査報告書」が発表され黒川委員長所感が出されてから丸二年、我が国は「変わり始める第一歩」を踏み出したのか？　何か変わる方向に向かっているのか？　我々にはその方向性どころか立て直しの兆しさえ見えない。逆に反対方向に向かっているとしか思えない。このままでは五〇年後・一〇〇年後、同じことが日本のどこかで、いや世界のどこかで起こるのではないかと危惧している。

朝河貫一（32 歳）

「非常なる猛省をもってするにあらざれば、国情日に月に危[2]かるべし」——これは一〇〇年前、日露戦争を経て、大国気取りをし始めている日本人に警鐘を鳴らした朝河貫一博士のことばである。朝河は、日本封建制のもつ普遍性が世界史で通用するという観点から、日本史を研究した歴史学者である。当時の日本の政治の動向から、朝河の目には変わる兆しのないわが国の五〇年後・一〇〇年後が見えたのであろう。

朝河貫一は一八七三（明治六）年、現・福島県二本松市に生まれた。福島県尋常中学校（現・福島県立安積高等学校）、東京専門学校（現・早稲田大学）を経て、米ダートマス大学、イェール大学大学院に学んだ。後に両大学の教壇に立ち日本人として初のイェール大学教授となった。歴史学者として世界平和を訴え続けた平和の提唱者として内外で高く評価されている。

現在福島県立図書館には朝河に関する文献、資料、史料、書簡が約二八〇〇点収蔵されている。また、二本松市の先人館には朝河縁の品々（『入来文書』、金時計、燕尾服、メモ帳、パスポート、写真等）が、そして郡山市にある安積歴史博物館の「朝河の部屋」には、朝河の業績を書き記したプラークや手紙、関連書物等が展示されている。

私たちはここ一〇〇年来、朝河博士の業績と人となりを調べ、それを、多くの人たちに知らせる活動を行ってきた。

国会事故調査委員会は、活動のキーワードを「国民」「未来」「世界」とし、「国民による国民のための事故調査」「過ちから学ぶ未来に向けた提言」「世界の中の日本という視点」をその使命として掲げた。

未来志向の立場に立ってこの提言を真摯に受け止め、取り組むことから福島の再生は始まるだろう。朝河博士の思想と行動を基に日本人の思想的・歴史的側面や国民性を検証し、歴史始まって以来、最大で最悪の原発事故を起こしてしまったこの国の今後のあるべき姿を、朝河博士が生まれたこの福島の地から、全世界に発信する使命感をもって、この書をしたためる。

1　ラングドン・ウォーナー、一九〇三年ハーバード大学卒。日本に留学し、岡倉天心に師事した。ボストン美術館東洋部長。

2　日増しに

第一章　『日本の禍機』

一．『日本の禍機』とは

冒頭で紹介した黒川清委員長の談話。そこでは朝河の『日本の禍機』を引用して「日本は日露戦争後、変われなかったために太平洋戦争に突入した。この原発事故で日本は変わらなければならない」とある。

『日本の禍機』とは、どのような書物であろうか。これは、朝河貫一が、一九〇九（明治四二）年、実業之日本社から発刊した「警世の書」である。本の題名の「禍機《かき》」という語は、「禍《わざわい》の兆し」という意で、朝河の東京専門学校（現・早稲田大学）時代の恩師・坪内逍遥が名付けたものだ。

日本は、日露戦争後、ロシアから南満州鉄道を譲渡され、韓国を植民地化していく。その後、当時三五歳の朝河は『日本の禍機』を記し、大陸に勢力圏を拡大していく日本の政治家・軍人・国民に向けて「こんなことをしていたら、日本は世界から孤立し、滅亡の道にして発したかのようである。以下本文を見ていこう。

く、深く、我々に訴えかけてくる。あたかも二一世紀の日本の現状をつぶさに目の当たり

一〇〇年余が経過した今日、朝河のこの警告は、色あせるどころかますます鋭く、厳し

を歩むことになる」と遠くアメリカの地から訴え、警告し続けた。

前篇　「日本に関する世情の変遷」書き出し部抜粋（一部現代語訳）

私は、日本の直面する重大なことについて、特に当路者《とうろしゃ》（注・重要な地位にある人・当局）および国民に深く考えてほしいと切に願っていることがある。人生において最大の難事業は、紛れもなく、現在の周囲の境遇と一時の感情および利害を離れて考え行動することである。克己とは取りも直さずこのことである。従って危機に際しては、この最大の難事業こそかえって最大の必要不可欠のこととなる場合が少なくない。

一個人についても同様であり、一国についてもまた同様である。殊に一国内の輿論には、人知では計り知れない不可思議な圧力があるので、このために思想やその行為を束縛されない者は、賢者といえども稀である。このことで、歴史上、国民が危機に際して己に打ち克って将来の国家としての方針を定めることができなかった例がたくさんある。そしてそのために窮地に追い詰められ、国が立ち行かなくなった多くの実

例がある。このような歴史上の多くの事例が、いま実に私の心を恐ろしく冷え冷えとさせるのである。

いま日本人は我が国の国運隆盛を声高に讃えているが、私が密かに思うに、日本は一つの危機を通過したが、今また次の危機に直面している。ただ今日は日本国民がほとんど全身全力を奮って、驚くべき働きで戦争の危機を通過して後まだ日が浅い。従って既に早くも別種の危機が眼前に迫って来ていることをまだ意識していないが、それも無理のないことである。

そして第二の危機は、第一の危機と性質は甚だ異なっている。戦争は勇ましく激烈であり、一国の人心を奮い起こさせ勢いを盛んにさせる力があるが、今日の問題はすこぶる抽象的であり、甚だ複雑であり、一見するところ平凡で、人を突き動かす力を欠く。この解決のために不可欠なことは、並はずれた高い先見性と未曾有の堅固な自制力とであって、あの単純直接の戦闘および犠牲のみでうまく処理し得るというものではない。

従って、場合によってはこのことを洞察し先を見通せる識者がわずかにいても、目の前の利害以上のことを見る余裕のない大多数の輿論に対してはどうすることもできず、問題の解決はもとより、問題が何であるかを国民に知らせることさえ難しいであろう。今日、日本に最も必要なことは、疑う余地なく、反省力ある愛国心である。まず明快に国家の行く末に横たわる問題点を意識して、次にこれに対処するに当たって非常に厳しい反省をもって臨むのでなければ、我が国の情勢は日に日に危うくなるに違いない。

（略）

結論　「日本国民の愛国心」抜粋（一部現代語訳）

最後に世の教育家、識者、および国民一般に対して教えていただきたいことがある。それは日本国民の愛国心に関することである。

愛国心が武士道の影響を深く受けていることは勿論である。武士道については、一時識者がその是非について論じたことがあったと記憶している。私が密かに思うに、どんなに欠点があっても、武士道は日本国民先祖伝来の宝であって、他の国民が得たいと思っても得難く、今日に及んで新たにこれを養成することはできないことである。更に、いわゆる武士道は、その精神は常に同じであって然るべきだが、これを構成する諸要素は時代に応じて軽重があって当然であるし、またその改良すべき点もまたその時々の境遇と共に変化して当然である。今自分は細かいところの論には入らないで、ただ一、二の点について少し世に問いたいと思う。

まず日本の武士道が、単に武勇のみでないことは言うまでもなく、そうであるからこそイスラム教人民の士道などと異なると言えるのである。それでは武勇以外どのようなものがあるか。種々ある要素の中で将来のために注意すべきものは左の要素であろう。

（一）義に勇むこと、（二）堅固の意志、（三）自重、公平、抑制、礼譲、同情等の諸徳、（四）静寂、思慮、反省。

この分類は学究的ではない、単に思うに従って記したものである。

（中略）

日本国民が最も祝福すべきことは、昔から反省力を伸ばす機会がはなはだ豊富であるために、少なくとも日本人であればこの力の幾らかでも胸中に持っていない者はいないということである。私は欧米人と日本人とを長年比較観察した結果、子どもも大人も反省力において、我が日本人が、かの欧米人に勝っていることが少なくないという証明が得られたと信じている。
今や日本国民に求められていることは、これを個々の人々の性格としてだけでなく、国民的性格として極力増進することに努めることである。もしこの力を育て、他国に対して公平の態度をとり、自国に対して、たびたび客観視する習慣を身に付け、一時の国利と一〇〇年の国害とを比較することの大事な訳・理由を知り、かつ国家と人類全体との関係について高い見識を得るようになれば、日本はすでに正義を貫き正しい道に進もうとする国民的義心と勇気とにおいて、世界に抜きん出ているばかりでなく、併せて国家が長く安寧であるための術において、必ずや天下の模範となるであろう。

しかしこれはただ自分の新理想だけである。今日のように日本人民が反省力を国民的に育てることを怠り、わずかに少数者の知恵と道義心で一国の行く道を任せる時は、日本の前途は極めて不安心なものと言わざるを得ない。読者よ、我々日本国民にとって無くてはならない武器である国民的反省力を、未だ鍛えていないのである。例をあげれば、国のためならば正義に反しても許され、正しい個人の名誉を傷つけても許される、というような思想が未だ日本から脱していない。この思想の裏を返せば、一時の国利を重んじるあまり、永久の国害を論ずる人をさえも非愛国者とする傾向があるがために、識者は世間の憎悪を恐れて、国の大事に関しても、隠しだてをせず堂々と言うことができない状況に至っているのである。あるいは、識者自らが無意識のうちにそうした思想に取り込まれてしまって、独立の思考をすることができなくなっているのである。

このように『日本の禍機』で朝河は、日露戦争後の日本が中国大陸で権益を拡大する方向にあることに対し、「大義に反する」と批判し、警告している。このまま国策を進めれば、近い将来米国と衝突するのは必至であると予見している。朝河は当時の日本の有り様に正に「禍機（禍の兆し）」を見たのである。

朝河の警告には、世界の歴史を研究する者として「大義」に反するという思いがあった。朝河は、昭和二三年に七四歳で亡くなるまで、多くの論文・研究書等を世に出している。執筆は英語・ドイツ語・フランス語等で行われたが、唯一日本語で書かれたのがこの『日本の禍機』だ。朝河は、恩師（福島県尋常中学校時代の恩師・岡田五兎）への書簡で、

「私は、『日本のため』という意図を持って、殊更に都合のよい事実だけを取り挙げたり、また飾り立てたり繕ったりすることはしませんでしたが、今後も『日本のため』とい

う議論ではなく、私の年来の希望であります日本に関する研究の成果を、世界中の比較法制研究者達に研究材料として提供するため、その上、人類が自ら研究するための材料を提供することに貢献することを目的としていきたいと思います。」

と述べている。歴史学者朝河はその視点を「日本」を飛び越えて、「世界」「人類」に据えていた。その観点から当時の日本を見たとき、イェール大学講師であった朝河は、日本の指導者及び国民に、「目をしっかり見開き世界を見よ！」[1]と訴えかけずにはいられなかったのである。『日本の禍機』は、若き歴史学者朝河貫一の諌言なのだ。

1　目上の人に対し、その非をいさめること。またその言葉。

二．朝河貫一の哲学と今日の日本

『日本の禍機』は、文庫本にして二五〇頁からなる。この膨大な警告書に述べられていることを、敢《あ》えて言葉にしてみると、次のようになろう。

「今こそ我々日本人は、輿論に惑わされず、一時の感情および当面の利害を離れ、五〇年後、一〇〇年後の日本について、自分なりの展望を持つことが求められている。」

『日本の禍機』から一〇〇年余りを経た現在、我が国の現状はどうなっているのか、福島原発事故対応を論考する。

国民的反省力の鍛錬

朝河は、「歴史学者として長年欧米人と日本人を比較観察した結果、子どもも大人も反省力において我が日本人に優る国民は他にいない証を得た」「日本人は生来反省力に長《た》けた国民である」と述べている。今日の我々日本人はどうであろうか。現代日本人の反省力はいかなるものであろうか?

残念ながら論を挨《ま》つまでもあるまい。人類がかつて経験したことのない大惨事を引き起こした福島原発関係者・政府要人・高官・学者等の対応は、余りにも現実に目を背けていると言わざるを得ない。朝河は、「日本は国を挙げて国民の反省力向上に努めなければならない。それを怠り、この国の行く末を、一握りの少数者の知力と道義心に頼り、任せている限り、日本の前途は極めて危ういものとなると言わざるをえない」と言っている。不幸にしてこの言説は現実のものとなってしまった。

朝河は、一八九五年アメリカに渡って以来、生涯で二度帰国している。一度目は、一九〇六年で、現在の郡山市と福島市で講演をしている。福島公会堂で講演した際には（『福

島民報』新聞抜粋、全文一四九頁)、

「一般の人についてはわかりませんが、大臣とか代議士、ないしは委員長位になって、一国の政治が自分の手で少しでも自由になる位置に立ったら、その位置からみる国家は、どんなものでしょうか。国の政治のためには、偽り、嘘を言い、弱い者をいじめるという必要性を感じることがあるのでしょう。つまり、国を見る視点が高くなれば、国を動かす際の危険な点も見えるようになり、かえって真面目になるかも知れません。時には太く、短くというような考えで、政治を行なうようなことも無いとは限らなくなります。そんな考えを起こして政治をすることは、米国などでも度々あります。それは何のためでありましょう。これは言うまでもなく、政治には『責任』が伴うのでありますが、このことを無視するからなのであります。」

と発言した。朝河はこの政治に伴う「責任」について、同じ講演の中で「神に対する責任」と言い、「神に対する責任と言うと語弊《ごへい》があるなら、『天に対する責任』と言うことにしましょう。それでも語弊があるなら『良心に対する責任』と申してもいいのです」と述べている。

一方現在の福島を取り巻く問題を見てみれば、現与党を束ねる立場にある自民党政調会長が、神戸市の講演（二〇一三・六・一七）で、原発再稼働、原発海外輸出という文脈の中で、「東日本大震災で悲惨な爆発事故を含めて、死亡者が出ている状況にない」と発言したという報道があった。国は、震災関連死と原発事故関連死の線引きは難しいとして、明確な数字を発表していないが、福島県内一三市町村が認定した原発事故関連死者数は、事故三年後の二〇一四年三月三〇日現在一六九一人を数えている。こうした中での発言である。更に深刻なのは、この発言に対し、官房長官ら政権幹部は「問題発言ではない」とし、安倍晋三首相も、政調会長の辞任は必要ないとの考えを示したことだ。野党側からは辞任要求が出され、自民党福島県連も関連死認定死者数を示し抗議文を出したが、結局本人の発言撤回でこの騒動は幕を引いてしまった。

これは、正に「国の政治のためには、偽り、嘘を言い、弱い者をいじめるという必要性を……」という朝河の警告そのものではないか。黒川委員長は報告書の中で、「一〇〇年前の朝河貫一の警鐘に耳を傾けなかった日本は、その後第二次世界大戦へと突き進み多くのものを失った。そして今回また『国民の生活』を守れなかった。政府を初め、原子力関係機関、社会構造や日本人の『思い込み（マインドセット）』を抜本的に改革し、この国の信頼を立て直す機会は今しかない」と訴えている。

昨今、国会議員、官僚等の無責任発言、失言、暴言等が相次いでいる。二〇一三年六月、国の復興庁幹部による読むに堪えない、短文投稿サイトのツイッター上における数々の書き込みが発覚した。この幹部は「子ども・被災者支援法」に基づく、原発事故の被災者支援を担当する復興庁参事官の要職にある。彼は、二〇一二年一一月、町の復興支援について開催された福島県川俣町議会全員協議会に出席した後に、「田舎の町議会をじっくり見て、余りのアレ具合に吹き出しそうになりつつ我慢」と書き込んだ。また二〇一三年三月、被災者を支援する市民団体が開いた集会に、参事官として出席し、「左翼のクソどもから、ひたすら罵声を浴びせられる集会に出席」と書いている。

これら国会議員、官僚等の失言・暴言は単なる「発言撤回」で済まされることではなく、政治における「責任」の不在という根本的な問題を指し示している。日本人がそれぞれの立場で「天に対する責任」「良心に対する責任」のもとに事に当たらない限り、日本人はこれまでと同じことを繰り返し、その結果、三〇年後、五〇年後、一〇〇年後に「(何も)変われなかった」ということになってしまうであろう。

「反省力ある愛国心」「国家前途の問題への洞観」

ここでは「愛国心」と「国家前途の問題への洞観（注・見通すこと）」について、『日本の禍機』と彼の講演記録（一五〇頁参照）を通して考察する。

「今日、日本の要する所は実に反省力ある愛国心也。先づ明快に国家前途の問題を意識して、次にこれに処するに非常なる猛省をもってするにあらざれば国情日に月に危かるべし」（『日本の禍機』「日本に関する世情の変遷」）

「もう一つの問題は、『国家観念の認識の程度』です。……日本くらい愛国心の強い国はありません。その上日本人は、子どもの時から学校で教えられていますから、国を思う観念は益々強くなります。これが日本の勝れているところであり、実は宝であります。しかし、この愛国心はどこまでも汚れないようにしなければなりません。少しでも偽善になってはいけません。キレイにしておかなければなりません」（一九〇六年福島公会堂　講演記録）

朝河貫一の「愛国心」はあくまでも「国家前途の問題」を意識した［反省ある愛国心］といえよう。彼は言葉を変えて「一時の国利と一〇〇年の国害とを比較し、国家を長久ならしむる（選択をすべき）」とも言っている。更に「他国に対して公平の態度をとり、自国に対してはしばしばこれを客観するの習性」を持つこと、これが「朝河の愛国心」である。

〈国家の長久〉を一番に考えること、〈一時の国利と一〇〇年の国害〉を見定めること、〈他国に対する公平の態度〉を持つこと、これが世界的視野で日本をみた朝河貫一の警鐘の核心である。

振り返って今日の日本はどうであろうか。福島第一原発事故から三年を経過し、その根源的原因究明はおろか、汚染水の処理ひとつとって見ても手探り状態である。原発事故のため「帰還困難区域」に指定され、故郷を追われた人々が、二〇一三年八月八日現在約三万人いる。県内外に避難している人たちが古里に戻れる環境を作るために、例えば、莫大な経費、労力と時間が投入されて「除染」が行なわれている。被災者は、一刻も早い放射線量の低減を望んでいる。しかし、「除染」は放射性物質の除去になっていないことが日ごとに明らかになってきている。しかも、その処理は自治体に任されている、というよりは押しつけられている。事故直後、除染に効果的とされ、推奨され、行なわれていたのは、屋根に水をかけて、ブラッシングし、壁を拭き、子どもたちの通学路を「除染」する方法だった。その結果、屋根や通学路の線量がわずかに下がったものの、放射性物質を他の場所に移しただけで完全に取り「除く」ことはできないのである。福島県相馬郡飯舘村では、これまでに森林等の除染率はわずか一パーセントだという。

二〇一三年六月、内閣は国の成長戦略に「原発の活用」を盛り込み、停止中の原発再稼働と原発の国外輸出を急ぐ姿勢を打ち出した。経済効率を高め、復興を加速させるためには「安い」原発は必要であると内閣は言う。七月に行なわれた参議院議員選挙で自民・公明両党は過半数を制した。

朝河は「殊に一国内の輿論《よろん》は霊妙不可思議の圧力あるが故に、之がために思想行為を束縛せられざるものは賢者といへども稀なり。之を以て史上の国民が、危機に際して己に克ちて将来の国是を定むること能はざるが為に、窮地《きゅうち》に陥りたる恐るべき幾多の実例あり（とりわけ国内の世論には、理知を超えた不思議な力があって、世論に左右されずに自らの思想や行為を貫くということは、賢者と言われている人でもなかなかできないものである。そのために、国の一大事に際して自らの思想信条に基づいて国家としての方針を定めることができず、窮地に陥った恐るべき実例がたくさんある）」（『日本の禍機』「日本に関する世情の変遷」）と言っている。

選挙の結果は国民の意志の表れであり、もちろん尊重されなければならない。しかし朝河の言葉を借りれば、世論は「霊妙不可思議の圧力ある」ものでもある。それがその時の国民の意志であり世論であっても、為政者は「国家前途の問題」を「一時の国利と一〇〇年の国害とを比較して」熟慮の末に、大局的観点から「この国の行く末」をしっかりと見極め、その方向性を示さなければならない。

物理学者であるドイツのメルケル首相は、「日本の出来事からわかるのは、科学的にあり得ないとされてきたことが起こるということだ。それをフクシマから学び、私は従来の意見を変えた」と述べた。原発問題は、世界の叡知を以てしてもその道筋が見えない。起きてしまった事故、いや起こしてしまった事故に真摯に向き合い、原因究明に努めることこそ、「真の愛国心」、朝河のいう「反省ある愛国心」への第一歩であろう。

朝河貫一の武士道

朝河は幼少の頃から、郷里二本松藩の武士道を父・正澄から聞き成長した。後年、朝河は独自の武士道を築き上げている。以下は、一九〇五年に朝河が"Bushido"『武士道』(抄)についてまとめたものだ。これは『日本の禍機』で述べられている武士道の基になっている。その中から、いくつかを取り上げる。なお、原文は英語である。

① 武士道を育んだ封建制の歴史
西暦二〇〇年以前、日本人は粗野ではあったが、すでに具体的で明確に、人間を模して表現する特有の好みを外に表していた。彼らは抽象的な価値や認識ではなく

て、自然の力や現象を好んだ。それは何かというと、生気あふれたしぐさと独創的な活動力を持ち、自ら進んで清潔さを保った。彼らは習慣や行動においても質素さを求め、卑しさを軽蔑した。日本の歴史の中で、最も持続する社会的・政治的制度、つまり、天皇を制度化する動きは、揺るぎなく始まっていた。そしてこの制度を推し進めようとする氏族勢力は、後に神道と呼ばれる、氏族の祖先崇拝の儀式を繰り返し教え込んだ。氏族の長と民は、互いに親密で血族的な関係の中で生活していた。というのは、すべての氏族が大きな家父長的共同体として起こり、組織化されていたからである。西暦二〇〇年頃、日本は外国の影響を受ける時代の幕開けを迎えた。

朝鮮半島との政治的な関係が、アジア大陸の文明、さらに正確に言えば、中国の法と文字、ヒンドゥー教といった外国の高い文化を積極的に移入する出来事となった。中国の表意文字は、当時の日本で欠いていた、思考を伝える手段として支えた。儒学は、情報の広範な表現手段としてのみならず、先進の道徳観念をもたらした。それらは、人々の思考を豊かにしたのみならず、彼らの思考法を容易にした。これらとともに、渡来人が、絹織物、染色、仕立て、建築、絵画、鋳造などの有用な芸術をもたらした。素朴な性格をもった大和民族は、包容性を持ち、新しい芸術を熱心に受け入れた。しかし、家父長制社会への新しい文化の導入は、小さい出来事ではなかった。さらに、人口増とその結果生じた経済的変化によって、地方の族長達は社会の古い氏族的繋がりを維持できなくなった。同時に、重大な問題が朝廷で発生した。仏教を導入するかどうかをめぐって、族長同士が対立関係を引き起こした。この対立は氏族間の対立、仏教導入支持の一族・蘇我氏が、天皇家にとって代わる侮りがたいほどの野心を示すに至った。六四五年、群臣が蘇我氏の族長を倒して、大化改新を行った。

この改革は、国家制度全体を意識的・根本的に変えた日本史上二つの大変革の一つである。この大変革は、部族の社会的な基礎の上にではなく、使者や留学生が中国から学んだ非常に集権的な国家制度を基礎として、日本の古い天皇家の権威を取り戻すものだった。しかしまもなくその基礎は崩れはじめ、その後約五〇〇年間、気品やぜいたくの風潮があった都以外の農村で、庶民の不満と不安から封建制度がゆるやかに形成された。都の貴族等のための増税に対して人々は、逃散《ちょうさん》[2]・浮浪や、偽籍《ぎせき》[3]によって対抗した。これらの浮浪人等の存在によって、自衛と略奪防止のために農民も浮浪人も武装するようになり、僧侶や女性でさえも武器を手にした。貴族や僧侶は、寄進によって、しだいに大きな耕地と武装した者を擁した。この重大事に際して、朝廷にあって嫌気がさしていた一部の親王は、自発的に地方に下り、社会の新しい指導者になった。

これらのうち、源氏と平氏は最も有力な一族であった。一一五七年、一一五九年の戦いで平氏が主導権を握ったが、平氏は、一一八〇年の源頼朝挙兵以後の戦いで敗れ、源氏が封建社会で最高の地位を占めた。こうして日本文明と中国文明の人工的結合から国家を集権的にしようとした大化改新の試みは、五〇〇年を経て本質的に非集権的な制度に帰着した。一一八六年をもって、日本の七〇〇年にわたる封建制度が始まった。

この六八二年間（注・一一八六年から一八六八年）に四系（注・源・北条・足利系に続く系列、織田、豊臣、徳川という系列）の封建領主が続いた。各系とその時代にはそれぞれ特徴がある。一一八六年以降四〇〇年以上に渡って、庶民は封建領主間の継続的な戦争に苦しめられた。そして一六〇〇年に初めて、徳川家康という非凡な武将が二五〇年にわたる全面的な平和をもたらした。一六〇〇年以降の日本では、僧侶の他に天皇と貴族、封建的従者であるサムライ、そして庶民の三階級が存在したが、その中でサムライは中核であった。サムライの手中で日本の政治的・経済的・道徳的な力が結集されていた。サムライは武力により、土地の大半を所有し、国全体の道徳的な気風を形作った。三世紀の間、家臣は村から離れた城下町に領主と住んでおり、彼らの活計《たずき》（注・生計）は土地所有によってではなく、石高で成り立っていた。土地の耕作は百姓の手に委ねられていた。彼らは自分達で長を選び、今日（注・明治時代）の自治組織とあまり違わないやり方で自分達の問題を解決していた。これらは多くの現代（注・明治時代）の著述家が忘れていることである。その重要性は過大評価しても、し過ぎることはない。武士の影響は一九世紀に衰え始め、自壊していった。庶民が武士よりも富を蓄えるようになり、重要性を奪われていた天皇の権威が、没落していく封建支配に取って代わって、再び国の統一をもたらした。一六〇〇年以降の徳川政権における全面的な平和は、生活の質の向上に貢献した。その結果、一七世紀から一九世紀前半には高度に多様化したすばらしい文明がもたらされた。それは、江戸時代の豊かさと庶民への普及であり、まだ十分に確立されていない現代日本（注・明治時代）の新しい文明と比較できるものではない。

この項目は朝河貫一の『武士道』の特徴をよく表している。この項目を読むと、朝河が「日本の歴史の中で武士道はいつ成立し、どのように発展してきたか」という点から見て、論じていることが分かるからである。

特にこの中で、百姓が自分達で長を選び、現代（明治）の自治組織とあまり違わない点を取り上げている。朝河はこれを「封建支配下の日本人の歴史的訓練」と述べている。百姓自らが長を選ぶことが、近代国家日本の成立後も武士道の本質が新しい形に生まれ変わる背景の一つであると、朝河が捉えているからであり、その意味で興味深い。

②　武士道とは何か

武士道とは、

ア．封建制下のサムライの道徳規律（封建的訓練の重要な特徴）であり、

イ．サムライの考え方、哲学、日常生活、全経歴であり、

ウ．サムライに課せられた社会的規制であり、

エ．サムライに課せられた社会的抑制であり、

オ．サムライの住む雰囲気そのものである。

武士道は日本国民の巨大な道徳の活力に貢献した。

武士道の本質は武器を携行する武人間《ぶじんかん》の行動を規制する倫理綱領であり、強健なサムライの中から生まれた高度な名誉の感覚を支配する道徳である。

ここで朝河は、武士道とは「武人間の行動の規制」と「高度な名誉の感覚」を基本とする道徳・倫理綱領であることを論じている。

③　武士道の構成要素

武士道は日本、中国、ヒンドゥー思想が統合され、封建社会の叡智によってすべてが調和的に折り込まれたものである。

ア．神道の影響：良心に対する直接的な反省力と、祖先への自然な感謝の念をもたらした。

イ．仏教の影響：人間の運命に対する瞑想の習慣という集合的な結果が仏教から来ている。仏教の一つの宗派である禅宗は、特に胆力のあるサムライに深い影響を与えた。禅宗は、あらゆる形式的な崇拝、祈祷、説教を、全く無力な、誤解に導くものと無視し、最も厳密な鍛錬と瞑想、精神力を鍛えることを全面的に強調した。その精神とは、生も死も、ためらいも恐怖もない、悟りを直接的にめざすことであり、そこに最高の価値を置いた。

ウ．儒教の影響：武士道への影響は、他のどの要素よりも深遠である。仏教同様、純粋に本来の形で受け入れられたのではなく、日本人の知性の驚くべき吸収力によって徹底的に同化され、修正されていった。例えば、徳（特に孝と忠）は、日本では中国とは異なって強調され解釈された。天という観念は、日本では中国よりも倫理的な傾向があり、詳細に説明された。

ここで朝河は神道、仏教、儒教の複雑な影響によって、①で述べた、古代日本人の特徴である「生気あふれたしぐさ」、「独創的な活動力」、「習慣や行動に質素さを求め、卑しさを軽蔑すること」から、武士道の「勇気」や「忠誠心」が構成されていったと論じている。

④　サムライの教育

一つは学問であり、もう一つは武術である。

ア．学　問

○日本の古典と中国の古典の基本を教えた。

○武士は、正しい手法で明確な漢文を書き、簡単な和歌を作ることが求められた。

○「謡」と呼ばれるサムライの歌を歌ったり、尺八等の笛を吹くことが求められた。

これらの簡素だが普遍的な才芸は、堅苦しいサムライ社会に優雅さを添えた。

イ．武　術

○サムライの教育の中で、はるかに重要だったのは、剣術、槍術、鉾槍、乗馬、弓術、柔術であった。

○武術の中で、剣術は、最も重要な武術と見なされ、それに秀でることは、武術だけでなく、精神的にも優れたものとみなされた。というのは、達人のみが奥義をきわめることができたからである。達人の刀身は、堂々とした人物のように、人を動かす力があり、戦闘において無敵であったからだ。

○父・正澄の話したサムライの教育

ここで朝河は学問、武術だけでなく、九一〜九三頁に掲載した「父・正澄が話したサムライの教育」についても述べている。これは、学問・武術だけでなく、忍耐、自制、平静心を養った例としてあげたものである。『武士道』の中で朝河は、忍耐には負傷や手術等の肉体的苦痛と精神的苦痛があるとし、精神的苦痛については、個人の感情に屈して、その事柄に関わりのない者に感情を押しつけることは、身分の高い者には相応しくないという考えから、喜びや怒り等の純粋な感情を出さないように教育されたと述べている。

⑤　自己と他者に対するサムライの道徳的義務

ア．自己に対して負うもの

○簡素な習慣

○己に対して嘘、偽りのないこと

イ．仲間に対して負うもの

○尊敬する心をもつこと
○しきたりに従って行動すること
ウ．自分よりも目上の人々（親・主君）に対して負うもの
○サムライの孝と忠という、二つの徳を実践すること
＊日本では、親への孝は、子の親に対する自然の感謝の情であり、これは、いくぶん神道由来のものである。親への孝は、中国でしばしばそうであったのだが、主君への忠に優越することはなかった。親への孝は個人的な徳であり、主君への忠は公的な徳であると考えられ、二つの徳が対立したとき、個人的な徳は、例外なく公的な徳の後に置かれた。
＊負傷したり、死が迫った父は、子に、永遠の別れを覚悟の上で、自分を見捨て、主君の戦列に戻るように言うのを常とした。さらに、「わしのために主君への義務を忘れるようであれば、お前はもはやわしの子ではない」というのであった。

⑥　サムライの死生観
ア．死が迫ったサムライは、自分の生命より崇高で、そして、生と死が両立しえないと思える高いものに命を賭けた。

○他を顧みずに生を送り、高い信条が死をもいとわないという危急存亡の秋《とき》、サムライはこの世の生命よりも永遠の生命を選んだ。主君と家臣との関係は、主君が家臣を支え、家臣が戦時に主君に仕えるものであり、それは、封建社会の避けられない運命であり、この契りは、侵すことのできないものとされた。サムライはいつも死を人生の至高の瞬間とみなしていた。

イ．他人の生命を全うでない理由で奪うことは、自らの生命を奪うのと同じく卑劣であるとみなされた。

○武田信玄は大砲で他人の命を奪ってはならないと命じたり、勝海舟が自らの命を賭けて江戸の数百万の人々を差し迫った破壊や殺戮から救った事実は、この精神に基づく。

ウ．サムライは家族の名、祖先の名、主君の名を守った。しかし、自分の名を最も愛おしんだと考えられる。

⑦　サムライの名誉観

ア．サムライの理想的な死が、人生の華なら、サムライの名誉はその根である。

イ．サムライの名誉は、学問と鍛練によって育まれ、名誉からすべての徳が生まれる。

ウ．「武士に二言はない」とは、サムライの日々の思想である。
エ．恥をなくした者はサムライでなく、人でもなく、卑怯者である。
オ．サムライの個人的自由は、近代法とは異なる立場から、ある程度認められていた。サムライを自分自身の行為に責任を負える高貴な人間と見なしたからである。サムライは自らの罪によって罰せられることはめったになく、自分で罰するように要求された。大罪の時は、役目を返上するか、謹慎するか、禄を主君に返すか、自決するかだった。サムライの罪が卑劣で、武士道にもとるときのみ、すべてが剥奪され、処刑された。
カ．サムライは来世での救いにほとんど関心をもたなかった。彼らは、この世での栄光ある名声が永続することを心に抱き、さらに、無条件に、呵責のない良心が賞賛されることを願っていた。

⑤〜⑦については、朝河の考える武士道の本質にかかわる部分である。はじめに朝河が考える武士道の本質について、『武士道』で主張していることを基に述べる。

朝河は、武士道の本質がサムライに生じさせる勇気と集中力は、サムライ自身の良心に由来するという。そして朝河は、サムライの良心の源泉は、主君に対する「生命の信託」

であると考える。その信託が良心の柱だとすると、信託の土台とは何かといえば、サムライの義務と名誉であると論じている。つまり朝河は、主君に対する義務が高度に訓練されたサムライの名誉観から発し、それに命じられてサムライは最も大きな危険を冒すと主張している。まとめると、サムライの名誉と義務が土台となる、生命の信託という柱がサムライの良心を生み出し、その良心がサムライの勇気と集中力を生み出す。これが武士道の本質であると、朝河は考えるのである。

ここまでの朝河の主張を踏まえて、⑤、⑥、⑦について述べていくこととする。

⑤「自己と他者に対するサムライの道徳的義務」については、強健なサムライの内から生じる名誉の感覚に基づく道徳を果たすための義務として、自己に対して負うもの、仲間に対して負うもの、自分よりも目上の人（親・主君）に対して負うものを詳細に述べている。

⑥「サムライの死生観」について、朝河は一部に「日本人は狂乱のうちに死を歓迎している」とか「日本人は生命の価値を低く評価する」などと主張している人がいることを紹介した上で、「サムライの死生観」を真に理解すれば、日本人の死への恐怖が他国の人々と比べても決して小さなものではないと気づくであろうと主張する。その上で朝河は、目上の人々、特に主君に対して負う道徳的義務を果たすときの死生観を、武田信玄や勝海舟の例をあげながら論じているところは興味深い。

⑦「サムライの名誉観」については、朝河の考える武士道の本質を踏まえて具体的に述べている。特にサムライの個人的な自由が、近代法とは異なる理由からある程度認められていたとの指摘は、比較法制史を専門分野としていた朝河ならではといえる。

⑧ 武士道の欠陥

ア．封建社会の武士道の欠陥は、徳が濫用されがちになり、多くのサムライにとって、その徳は高すぎるものだった。修行を積んでいない多くのサムライにとって、名誉は思い上がったものになり、勇気は無鉄砲なものになった。刀は容易に抜かれ、ささいな理由で命のやりとりがなされた。太平の時代に、武士道の誤用は馬鹿げたものになり、また、有害なものとなった。

イ．現代（明治）の観点からみた基本的な欠陥は、徳が太平からではなく、戦における競争から生まれたものであることと、契約によってではなく、むしろ身分に基づく社会からくるものである。これらは、現代では不自然な、封建時代の徳のいくつかを構成している。特に重要なのは、サムライは経済観念が欠如しており、自分で作ったり、稼いだりして生計を立てることがなかったことである。

はじめに⑧において、朝河が『武士道』で封建社会の武士道の欠陥については、「生命の信託を基礎として成り立っている社会」と述べていることから、生命の信託が基礎となっていない場合について論じている。

次に朝河は、封建時代後の近代日本から見た武士道の欠陥について述べている。さらにその欠陥から、サムライは経済観念が欠如しており、稼いだりして生計を立てることはなかったと論じている。

今までそれぞれの項目について見てきたが、武士道が歴史的に発展してきたという前提で、最後の欠陥の一つとして朝河が挙げた「経済観念の欠如」は、封建時代後の近代国家日本で、身分を超えて武士道の本質が生まれ変わるために必要なものを朝河が何と考えていたかを知る上で、重要な指摘である。それに関する朝河の考えを『武士道』で主張していることを基に述べる。

まず朝河は、江戸時代の初め、サムライが経済観念を欠いていたのに対し、百姓やその他の身分の人々は精神の修行等「サムライの持つ観点」が欠如していたと考える。しかし、サムライ以外の身分の人々の中には、寺子屋等で「サムライの持つ観点」を学び、身につける人々が出てきたと述べる。このような背景によって、「サムライの持つ観点」がサムライだけのものでなくなってきたため、封建社会に動揺が生じたと考える。その上で幕末を迎え、一部のサムライは「自己と他者に対する道徳的義務」に基づく名誉観と「生命の信託」から、勇気と集中力によって、自己犠牲を払いながら封建時代を終わらせたと主張する。

以上のような歴史を経た後の近代国家日本において、武士道の本質が身分を超えて生まれ変わるために、朝河は何が必要だと考えているのか。朝河は『武士道』で、サムライが「経済観念の欠如」を反省し、江戸時代にサムライ以外の身分の人々が「サムライの持つ観点」を学んだように、サムライが経済観念を学んだ上で、サムライもその他の人々も、身分を超えて武士道の本質を理解し、「生命の信託」「名誉観」「道徳的義務」に基づく行動をすることが、封建時代の武士道の本質が新しい時代に滅ぶことなく、生まれ変わるのに必要だと主張している。近代国家日本が抱える国内問題、国際問題も新しい時代に生まれ変わった武士道の本質が解決の道を切り開き、世界の中で日本人の特性が発揮できると朝河は考えたのである。

手稿としてまとめられた『武士道』をはじめ、『日本の禍機』で述べられた武士道、晩年の書簡の中で触れられている武士道等、朝河が「武士道」を語るときには、武士道が歴史的に発展してきたという認識を持って論じていたことが、特徴として挙げられる。その例として、一八九九（明治三二）年、朝河が二六歳の時に書いたダートマス大学卒業論文の一節を最後に紹介する。

「私は自分が日本の封建制度の産物だと感じており、しかも同時に、自らも封建時代後の日本の第一世代の一員だと見なしている。」

2　中世、近世、農民が領主の厳しい税の取り立てなどに対して、対抗手段として他領に逃亡すること。

3　古代、調・庸を逃れたり口分田の班給を有利にするため、戸籍を偽ること。

第二章　朝河貫一という人物

　ここで朝河貫一とはいかなる人物であったのか見てみたい。彼の生き方・人間形成の過程を通して、今の日本の現状、特に原発問題に向き合う視点が浮かび上がり、五〇年後、一〇〇年後の日本の有り様に大きな指針を与えてくれる。それは、延《ひ》いては同様の原発事故を二度と再び起こさないということに繋がるものと確信する。朝河を語るとき外せないキーワードは〈世界〉〈歴史〉〈武士道〉、そして〈平和〉である。我々が朝河の生き方を検証し、朝河の思想・哲学を体得できたとき、黒川委員長のいう「変われなかった日本」が、「変わる」第一歩を踏み出したと言えるであろう。以下朝河の人間形成を時間を追って見てみることにする。

朝河貫一生誕の地（二本松）

一．誕生と生い立ち

朝河貫一は一八七三（明治六）年一二月二二日、父・正澄、母・

略　歴

1873年　福島県安達郡二本松町根崎で生まれる
1878年　立子山小学校初等科に入学する
1888年　福島県尋常中学校に入学する
1892年　同中学校を卒業する
　　　　11月　東京専門学校に入学する
1896年　ダートマス大学一年に編入する
1899年　ダートマス大学を卒業し、イェール大学大学院に入学する
1902年　『六四五年の改革の研究』により、博士号を授与される
1904年　『日露衝突』を米英で刊行する
1905年　ミリアム・ディングウォールと結婚する
1906年　第一回帰国を果たす
1907年　イェール大学図書館キュレーターとして勤務する
　　　　(～1948年まで)
1909年　『日本の禍機』を出版する
1917年　第二回帰国を果たす
1929年　『入来文書』をイェール大学とオックスフォード大学で発刊する
1937年　イェール大学歴史学教授に昇進する
1941年　昭和天皇宛ローズベルト大統領親書草案を書く
1948年　バーモント州ウエスト・ワーズバロで死去

少年時代の貫一（右端）（初公表、関根糸介子氏提供）

ウタの長男として、二本松の地に生まれた。一八六八（慶応四）年七月二九日、戊辰戦争で二本松城が落城して五年後であった。未熟で虚弱な赤ん坊であったと伝えられている。

父・正澄は、旧二本松藩士宗形治太夫の次男で、二五歳の時、二女をもつウタと結婚し、婿として朝河家に入った。正澄の父で、貫一の祖父にあたる治太夫は江戸後期の著名な国学者である斎藤彦麿の四男であった。正澄の兄は匡曹と言い、二本松城の落城後に会津へ逃れ、そこで新政府軍に捕えられている。その後、東京に送られ、一橋家で謹慎となった。許されたのちに二本松に戻り、権弁事《ごんべんじ》[1]として新二本松藩の立て直しに尽力した。貫一の母・ウタは、信州田野口《たのくち》藩士杉浦武之進の姉として江戸で育ち、二本松藩の砲術師範の家柄であった朝河家に嫁いだ人物である。しかし、先夫照成《てるなり》が水戸天狗党の乱[2]の際戦死したため未亡人となり、さらに二本松城落城の日に舅・朝河八太夫も戦死したため、姑・ヤ

【朝河家・宗形家・関根家・齋藤彦麿家系図】

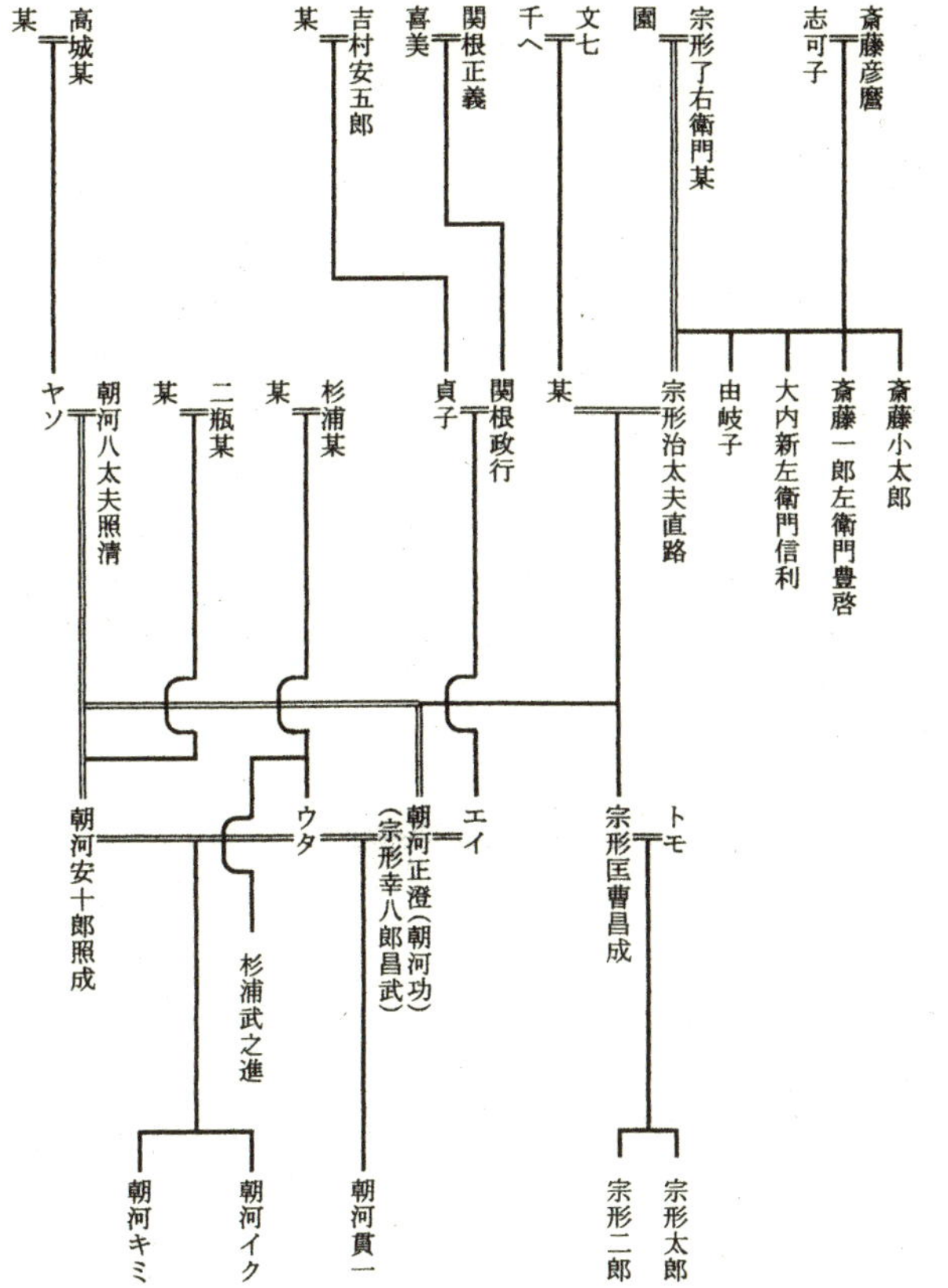

朝河系図

ソや娘とともに路頭に迷う状態であった。八太夫は武衛流砲術師範の家柄で、数多くの門人を指導した。八太夫は定府《じょうふ》[3]として江戸勤めとなった。一八三四（天保五）年、大砲製造と鎌倉海岸での試射成功により、幕府から金三両を与えられたほどの腕前であった。正澄も指導を受けた一人であった。

父・正澄は、『論語』（里仁篇）の「子曰、『參乎、吾道一以貫之哉』。曾子曰、『唯』。子出、門人問曰、『何謂也』。曾子曰、『夫子之道、忠恕而已矣《のみ》』」。の「吾ガ道一以テ之ヲ貫ク（私の道は、終始ある一つで貫かれている。）」からその子を貫一と命名したという。

（現代語訳）孔子が弟子の曾參《そうしん》に「參よ、私が説き、そして実践している教え・道は常にある一つで貫かれているのだよ」と言った。曾子は直ちに「はい」と答えた。孔子は部屋を出た。他の門人たちが「先生が今言ったことはどういう意味か」と聞いた。曾子は「先生が説かれ、実践されている道は、忠恕（誠実と思いやり）だけだと言われた」と答えた。

正澄は吾が子に、生涯一つのことを貫き通す人生を送ってほしいという願いを込めて「貫一」と命名したのであろう。正澄は貫一が三三歳の時他界するが、貫一は亡くなるまで、父の意志を体して自らの信念を貫き、自らの良心に従って生きた。因みに、この文脈での「一」は「忠恕《ちゅうじょ》」（真心と思いやり）を意味する。

天正寺（2013年、解体され新築中）

天正寺（貫一の子ども時代）

立子山での生活

貫一が生まれた翌年の一八七四年、すでに教員の資格を有していた正澄は、伊達郡立子山村[4]（現・福島市）の小学校の校長格の教員として任命され、一家は立子山村に移り住むことになった（郷土史家・阿部貞吉による）。これは、同村の朝倉鐵蔵から紹介を依頼された山田脩によるものであるという。山田脩は元二本松藩士で、福島で初めての製糸工場を二本松に興した人として知られている。

貫一の発育は遅く、一歳の誕生日が過ぎても歩行がままならず、片言も発することがなかったと言われている。貫一が二歳の誕生日を迎えたころ、病弱だった母ウタは、その生涯を閉じた。その後、祖母ヤソが貫一の養育に当たっていたが、貫一が三歳数ヵ月のとき、正澄は後妻を迎えた。

貫一の新しい母となったエイは、福島県伊達市梁川町にある天神社神職、関根政行の長女であった。政行の妻貞子（エイの母）は三池[5]にあった立花藩が伊達市月舘町に転封《てんぽう》[6]された際に、藩主

落書き（貫一４歳頃）

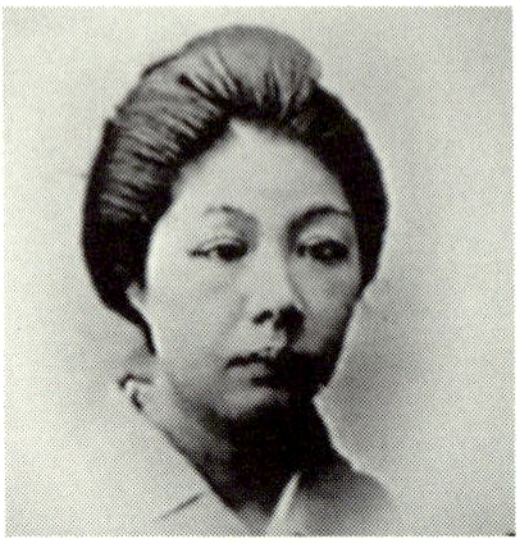

継母・エイ（立子山時代）

と共に移り月舘町下手渡《しもてど》に住んだ藩士、吉村安五郎の娘であった。天神社では江戸時代に寺子屋も開いていたという。代々続く神社で受け継がれた素養と武士の教え、立ち居振る舞いがエイに受け継がれたことは間違いない。エイは慈愛に満ちた女性であり、貫一の言語機能の発育がひどく遅れていることを心配し、夫と力をあわせて、昼も夜も熱心に単語図や連語表によって発音の練習を繰り返し、こうした努力が報われ、貫一が四歳になるころには、身体も言葉も他の子に劣らないまでになった。

この頃、貫一が描いたとされる六頭の馬の絵が残っている。この絵は貫一の落書きと長年言われてきたが、松前藩の養子となった絵描きの母の兄の影響を受けて、母・エイが指導して描かせたようだ。

その後正澄一家は、住まいを立子山小学校校舎内の一室に移す。そこで正澄は、小学校教員、そして校長として任務に当たり、夜は地域の青年を集めて夜学校を開いて、幅広い教育を施した。近古史談・日本外史・四書五経などがテキストとして使用された。福沢諭吉の『西洋事情』も使われたと記録にある（鈴木喜助談）。幼い貫一も、この青年たちの学びの場に交ざり、五歳頃からこれらの幅広い書物に接していた。この父母の教育と貫一自身の努力によって才能が開花し、立子山小学校に入学した貫一は、伊達郡内の小学校代表の学力試験では、常に最優秀の成績をあげた。

最終学年だけでも郡内の優秀な学校に進みたいという貫一の希望で、川俣小学校に転校した。この川俣時代の終わりに、貫一は中学校進学の希望を父に強く訴えるようになった。正澄は、月給一〇円の薄給で、貫一が師範学校に進学することを望んでいたが、最終的には中学校進学を許した。

1　官職名。庶務に従事する役職
2　幕末、徳川家御三家のひとつ、水戸藩の尊皇攘夷派
3　江戸時代、大名、交代寄合い以外の旗本・御家人および大名の家臣が、参勤交代をせずに、江戸に定住したこと。
4　当時の立子山村は、開国以降、日本の主要輸出品の一つである生糸の生産地であった。
5　福岡県大牟田市
6　諸大名の領地を他に移し替えること。

二．福島県尋常中学校〜東京専門学校

一八八八（明治二一）年、貫一は当時福島にあった福島県尋常中学校に入学した。立子山から福島までは、阿武隈川沿いに歩いて約一〇キロの道のりであったが、貫一は片道約四〇分を利用して、英語の学習等に勤しんだものと思われる。母は毎朝早く起きて、貫一を送り出した。

しかし、県下唯一の中学校であるこの尋常中学校も、福島市に所在しており、あまりにも県の北部に偏在しているとの理由で、かねてから県の中央部に移転すべきとの意見が強かった。同時期に起こっていた県庁を県の中央部への運動を受け、一八八五（明治一八）年の県会で移庁案が可決されるが、内務省が明治一九年にこれを却下するに至り、その後、県庁は福島に据え置かれ、尋常中学校を安積郡桑野村（現・郡山市）に移転させるということで決着がつけられた。余談であるが、中学校の移転が決定された後、一二月一八日に福島校舎が焼失するという不慮の災難が起こっている。また、県会で県庁移転の議決が為されたことから、県庁を郡山に移転させる運動が引き続き起こり、現在に至っている。

貫一は、中学校のすぐ近くにあった、開成山大神宮の禰宜《ねぎ》[7]宮本家の社務所を兼ねた住宅で下宿生活を送ることになった。貫一の勉学に対する思いは福島時代と変わらず、中でも

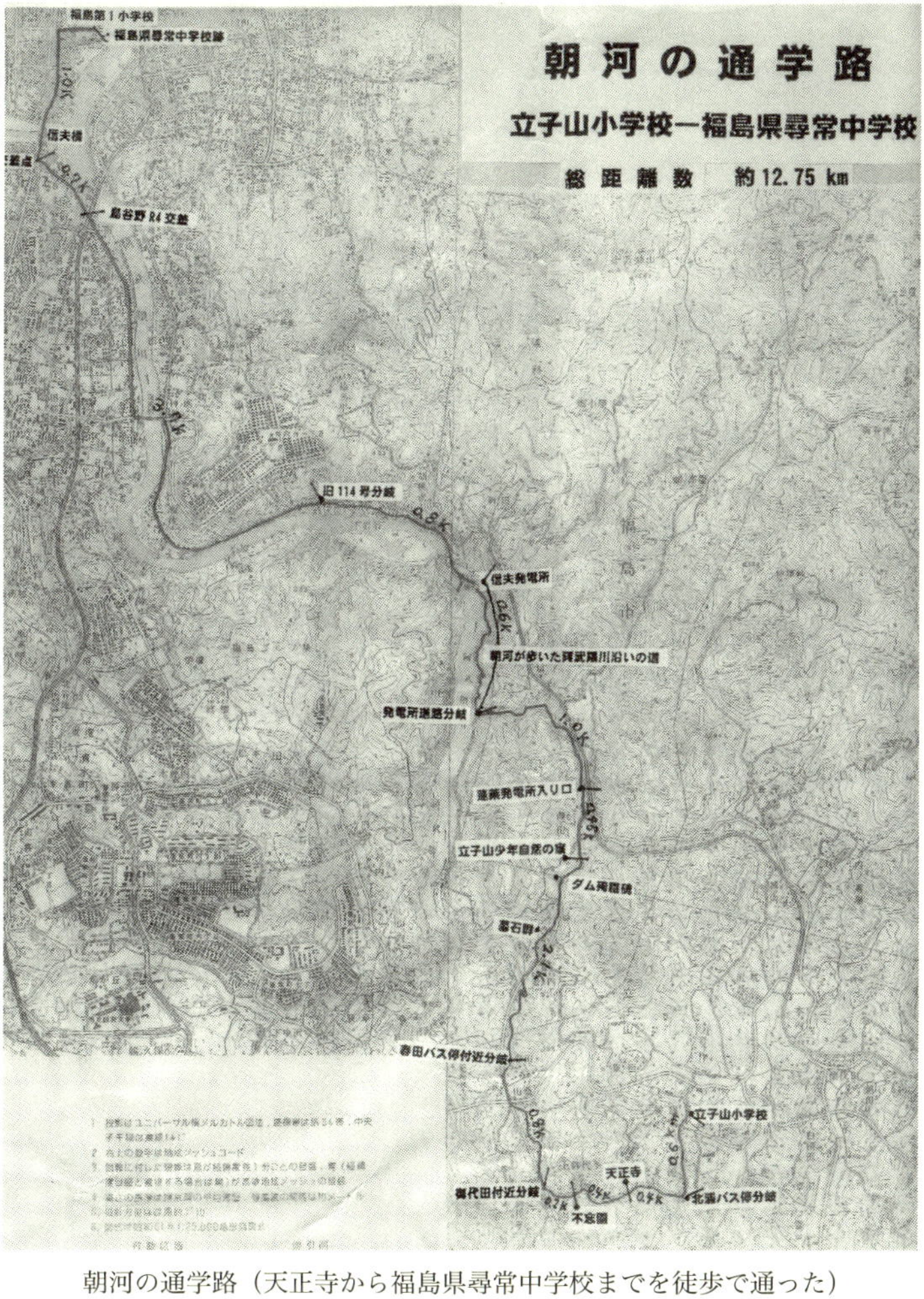

朝河の通学路（天正寺から福島県尋常中学校までを徒歩で通った）

小西重直（15 歳頃）

久保猪之吉（16 歳頃）

朝河貫一（16 歳頃）

語学に対する関心が一段と強まっていった。

貫一は福島県尋常中学校時代に多くの友人を得ている。その中には、後に京都帝国大学総長となった小西重直や、日本で初めて耳鼻咽喉科を開いた久保猪之吉、美術家の服部保一らがいた。彼らとの交友は、アメリカに渡った後も、さまざまな形で長く続いた。

一八九二（明治二五）年三月二四日、貫一は福島県尋常中学校を首席で卒業した。成績優秀者には飛び級の制度があり、貫一は通常より一年早い、四年間での卒業であった。[8]

卒業式で彼は総代として英語で答辞を述べた。来賓を初めとして、居並ぶ人たちは驚き、あっけにとられたと伝えられている。貫一に英語を教え、列席していたイギリス人教師ハリファックスは、貫一の度胸とその文章の見事さに感じ入って、「やがて、この人は世界に知られるようになるだろう」と語ったという。

至米沢・山形
至白石・仙台
至保原・梁川・丸森
飯坂温泉
阿武隈急行
福島県立美術館
福島県立図書館
信夫山
古関裕而記念館
吾妻小富士
福島
福島県尋常中学校（開校時）
吾妻連邦
県庁
高湯温泉
新幹線・在来線
土湯温泉
立子山
立子山小学校
松川
天正寺
高等小学校
川俣町
至猪苗代
安達
明治の渡し跡
安達太良山
智恵子記念館
阿武隈川
岳温泉
霞ヶ城・戒石銘碑
安達ヶ原ふるさと村先人館
出生の地
二本松
朝河家（金色墓地）
あだたらふるさとホール
本宮
福島県尋常中学校新校舎（現安積歴史博物館）
開成山
朝河桜
郡山
こおりやま文学の森資料館
至白河・東京

朝河関連地図（福島県）

これ以上父に学費を頼ることができず、中学校を卒業した貫一は、郡山小学校（現・郡山市立金透小学校）に嘱託教員として勤務し、当座必要となる費用を稼いだ。この学校で教壇に立ち、改めて東京専門学校（後の早稲田大学）への進学を決意する。資金が足りず、新学期に上京することができなかったものの、編入試験を受けて、一八九二年一一月に東京専門学校文学科（現在の文学部）に入学を果たした。

東京専門学校を選んだ理由は、この学校は三年制であるので、経済的に逼迫していた朝河にとって相応しかったという説がある。また、立子山で貫一と関わりが深く、明治一〇年代に県会議員に当選した朝倉鉄蔵が所属していた立憲改進党の党首、大隈重信が東京専門学校の創始者であったからであるという説もある。

学校では、シェイクスピア作品翻訳の第一人者である坪内逍遥や、日本哲学の父と呼ばれている大西祝《はじめ》などの講義を積極的に受けた。その一方、翻訳の仕事や夜間の英語教師、雑誌の編集などのアルバイトを掛け持ちし、どうにか学費や生活費を賄った。やがて、思想家でもあった本郷教会の牧師、横井時雄に出会う。横井時雄は、幕末維新期の有名な思想家で、後に暗殺された横井小楠《しょうなん》の長男である。この横井との出会いがその後の貫一の留学生活に大きな影響を及ぼすことになる。というのも、アメリカのダートマス大学学長をしていた、横井の友人、ウイリアム・J・タッカーという人物こそ、のちに朝河のアメリカでの研究生活のよき理解者となり、終生の恩人として仰ぐことになるからである。横井はアメリカに渡った際にタッカーに対し、貫一の才能と経済的な貧しさを語り、何とか留学の便を図ってほしいと頼んだ。タッカーは、教徒の衆議によって、事を決めることを目指した「会衆派」に属したクリスチャンで、歴史に名を残す人物であった。

横井時雄

大西祝

一八九五（明治二八）年七月、朝河は東京専門学校文学科を卒業した。貫一の夢である留学も実現に向かって動いていた。タッカーが、学費や舎費を免除するという厚意を示してくれたからである。しかし、留学は決まっても、貧しい朝河にとって渡航費の捻出は容易ではなく、小・中学校の同級であった川俣町の渡辺熊之助や同じ郷里の親友高橋春吉らに借金を依頼した。最終的に朝河の渡航費を援助したのは、徳富蘇峰、大隈重信、勝海舟、大西祝等、日本の各界を代表する人たちであった。特に東京専門学校の恩師大西祝は、自らのドイツ留学に備えて貯えていた虎の子の中から、一〇〇円（今の貨幣価値にして約一〇〇万円）を愛弟子のために提供してくれたのである。朝河は卒業時の文集に大西の印象を次のように記している。

（現代語訳）

「先生が哲学の講義をなさるや、眉は凜凜《りり》しく吊り上がり、眼をカッと見開き、その力の入った熱弁は淀みなく溢れんばかりの勢いで、どことなく当時の松下村塾における吉田松陰の風貌を彷彿とさせるものであった。……およそここ三〇年のあらゆる哲学者は先生の講述によって黄泉《よみ》の国から呼び起こされて、我等の前にありありと現われるといった感があった。先生は単に我等に故人の哲学を授けただけでなく、併せて哲学者その人も我らの前に生き生きと現出させたのであった。」

勝海舟の支援

また、朝河の留学を後押しした牧師の横井時雄と親交のあった人物に勝海舟がいる。勝は、朝河が留学に必要な経費を約束してくれた御礼のために挨拶に行った際（一八九五年一一月）に、朝河に次のように諭した。朝河が『東西南北』という雑誌に寄せた「海外に於ける日本の悪評」という文の中で、勝の言葉について触れている。

「今後三〇年が実に大切の時で、日本国民が本当に試験される時節である。これからの著手（注・取りかかること。）は、この三〇年が本当の働き時である。今は沈着に落ち着いて修業することが第一だ。日本人は兎角《とかく》に短気で事を急ぎたがるのは実に閉口である。一身を作り上げるにも、一国を作り上げるにも、決して一通りの事では行かぬ。功果を幾十年の後に期し、幾多の困難と障害とを功排し行く忍耐と胆識とありて大業はじめて成就せらるるのだ。」

「気運といふものは實に怖るべきものだよ。西郷なり木戸なり大久保なり維新の元勲と称えらるる人々とて、個人としては別に恐るべき程のこともなかりしが、王政維新という機運に乗じてきたから、此の老爺も到頭閉口したよ。」

勝は朝河を高く評価していた。勝は江戸城総攻撃の前に、西郷隆盛と会談をした。二人は静かに話し合った。話し合って決まらないことは、互いに信頼し合って相手に任せた。それによって、江戸一〇〇万人の命も助かり、徳川家も滅亡を免れた。江戸幕府は終わりを告げたが、徳川時代の遺産の中には近代日本に形を変えて継承されていったものがある。つまり、勝は封建時代の日本を終わらせ、近代日本の中に武士道の本質を生まれ変わらせたのである。その勝が朝河の米国留学の話を聞いたとき、封建時代の武士道を父・正澄から教えられ育った朝河が、近代日本の第一世代の一人として世界に雄飛しようとしている姿に自分を重ね合わせたと言えよう。

朝河が勝に挨拶に行った一八九五年という年は、朝河が東京専門学校を卒業した年であるが、対外的には、四月一七日に日清間で下関講和条約が締結された年に当たる。勝海舟が言及した三〇年間に起こった出来事とは、一九〇四年の日露戦争勃発、一九一〇年の日本による韓国併合、一九一五年中国への「二一カ条の要求」、一九三一年に勃発した満州事変であり、すなわち、日本が大きく大戦に傾斜していく三〇年を意味している。

一方、朝河にとってもこの三〇年は、世を憂い、学究と出版で明け暮れた三〇年であった。朝河は一八九六年にダートマス大学に編入する。一八九九年にイェール大学大学院歴史学科に入学、三年後には、『六四五年の改革』を著し、Ph. D（注・博士号）を授与される。一九〇四年に『日露衝突』を刊行し、一九〇九年に『日本の禍機』を日本語で出版した。

7　宮司の命を受け祭祀に奉仕し、事務を司る神職

8　これは、福島女子師範学校で美術を教えた服部保一氏によって、初めて明らかになったもので、当時の朝日新聞が以下のように伝えている。

「当時ただ一つの県立だった福島中学は、今の県会議事堂のところにあり、服部氏が二年のとき、朝河氏が入学して来たが、明治二二年、今の安積中学に学校が移転し、学校付近の宮本某という神官の家に二人とも自炊生活を始めたが、すでにその時秀才の誉れ高かった朝河博士は、当時の

抜擢制度によって、服部氏と同級になり、級の中では断然一番を続けていた……」（一九三六年四月一六日付）

三．渡米留学

苦心の中にも旅費調達のめどがつき、一八九五（明治二八）年一二月七日朝河を乗せた船は横浜港を離れ、サンフランシスコをめざす。朝河は二二歳の誕生日を船上で迎えた。背広だけは新調できたものの、夏服や礼服までは手が届かず、礼式に備えて羽織袴《はおりはかま》、白足袋などを携えての米国行きであった。一二月二六日にサンフランシスコに上陸、そのあと大陸横断鉄道でニューヨークに行き、翌年正月、ハノーバーの町に到着した。めざすダートマス大学はこの町にあったのである。

アメリカにおける学問の第一歩を踏み出すべく、朝河は学期途中でただちにダートマス大学の一年生に編入した。学生総数は当時三五〇名だった。前述のごとく、彼の授業料と寄宿寮の部屋代の免除はタッカー学長と横井牧師との間に確約されていたが、小遣いなどの個人的な支出は自分の力で賄わなければならず、ホテルの給仕や皿洗いなどをして収入を得た。

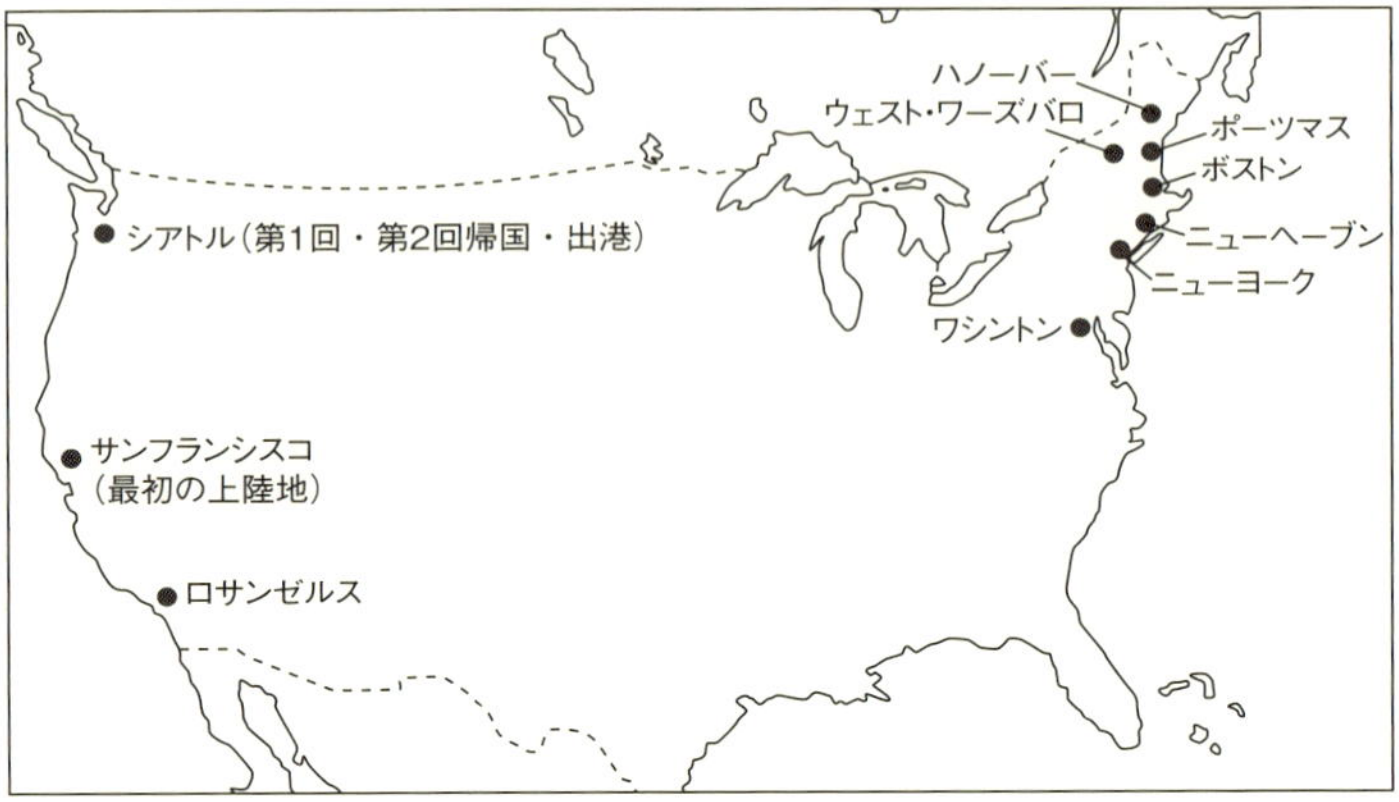

朝河関連地図（アメリカ）

同級生たちは朝河を「サムライ」とよんだ。武士然とした立ち居振る舞いがそういう呼び方をさせたのだろう。彼は学校で人気の的となり、市民も彼には特に好意的であった。これは、朝河の英語を使っての話術、行動力が並の日本人とはかけ離れていたことを意味している。

ダートマス大学時代の朝河はいつも最優秀の成績で、特に英語・ドイツ語の学力は抜群であった。諸教授は朝河の学力のみならず、人格と、人をひきつける個性に対しても讃辞を惜しまなかった。

一、二例を挙げてみる。朝河は、「学内エッセイコンテスト」で最終選考の二人に選ばれた。賞こそ逃しはしたが、エミリー教授は朝河に「朝河君、残念だ。非常に残念だ。惜しかったんだが、君にしようか、それとも彼にしようかと、本当に迷ったんだが……」と言った。これを聞くと、朝河は、教授の目を真っ直ぐに見つめ、「先生はもうすでに、一四人に同じことをおっしゃっておりますす」と言い、歩き去った。同級生のピールによると、朝河を表現する最も適当な言葉は「もの静か」であり、朝河には一種の緊張感が漂っていたが、一方では、どんなに忙しくしている時でも、ゆったりとした親しさで迎えてくれたという。

卒業も近づいた一八九九（明治三二）年、タッカー学長は朝河に重要な提案をした。歴史科の中に東洋と西洋の関係を研究する科を設けるので、ゆくゆくは教授を委ねたい、そのため数年間最良の大学で研究してもらいたい、もちろん学費はダートマス大学より支出するというものであった。朝河は非常に感動し、この申し出を受け入れることになる。

羽織袴姿の朝河貫一

タッカー

朝河は、「世界のための学問に心ひかれてゆくのはどうか『宿縁』とおぼしめしください」という内容の手紙を両親に送った。両親は息子の手紙に大きな衝撃を受けた。両親は約束通り三年たてば帰国するであろうと指折り数えて待っていたからである。しかし、両親は私情を

イェール大学

ダートマス大学

ぐっとこらえ、留学の延長を認めたのである（九七頁参照）。

一八九九（明治三二）年九月、朝河はイェール大学大学院歴史学科に入学した。ここでも優秀な成績を収め、"The Early Institutional Life in Japan：A Study in the Reform of 645 A.D."（『大化の改新の研究』）により、学位授与が決定した。朝河二八歳のときであった。この研究は高い評価をうけ、彼は最もすぐれた東洋史学者としてダートマス大学に迎えられたのである。

母の死

一九〇三（明治三六）年、継母エイが四三歳で他界した。母の死に対しての村民の様子から、母が如何に村民から慕われ、尊敬されていたかがわかる。父・正澄から貫一に宛てた手紙（一九〇三・八・二一）を見てみよう。

（一部現代語訳）

「繰り返し述べるのもどうかと思うが、母の生存中の行為を申し述べ置き候。

先年そなたから母に送ってきた手紙の中に、何事にも心を広く持ち、形あるものは時が来れば壊れるものであるから、器物を壊しても惜しがることはありません。右の手に受けたものは左の手で人に施すように。ほんの少しでも人の噂をしないでください。専ら人を平等に愛してください。何事も神の意に叶うようにして、身体を健全になさってくださいと云々との意味に母は深く感動し、近年は万事善行を人の道とし、老幼親疎の別なくすべての人に物品を施し、ほんの少しでも人を悪く言わず、自分が裁縫して稼いだお金はほとんど人に施し、または人に物品を贈る資金とし、家に来る人には酒と肴《さかな》でもてなすことを楽しみとしていた。

従って、男も女も誰も（母を）誉めない人はなく、病中も教え子等は代わる代わる見舞いに来てくれ、骨と皮ばかりになった姿を見て、朝夕を問わず泣く者が多くいたのには閉口致し候。葬送の列に連なった二〇〇人の婦女子等、目を泣き腫らさない者はなく村内各戸からの葬式参会も、母の死を心から惜しんでくれたからなのであろう。墓にはいつお参りしても新しい花と線香が供えてある。知る人も知らない人も、痛ましいことであったと言わない人はないということである。奥様は、若死にされることを虫の知らせで知っておられて、一生の慈善を行い尽くされたなどと申しておる。」

継母・エイ（初公表、関根糸介子氏提供）

父・正澄（初公表、関根糸介子氏提供）

同年、父・正澄は校長を辞し、二本松に戻ることになった。正澄も花火で送られるなど、本当に惜しまれながら立子山小学校を去ったのである。その時の様子を父から貫一に宛てた手紙（一九〇三・一一）で見てみよう。

（一部現代語訳）

「この日は、伊達郡長、郡視学、川俣分署長も集会された。村民は毎戸一名は拙者の送別の事に出席するよう通知したところ、一戸から七〜八名ずつ出した家も多分にあり、平均三名以上であったということである。（村内の）男は一〇〇余人、女二六〇余人、生徒二五〇余人、(他)、合計一三〇〇余人。裁縫の女子は、私の為に皆集まったのであるが、亡き母がこの盛況を見ることができなかったことを悲しみ、見物人の中の婦人達は私の心のうちを推し量り、人知れず涙を流す者も多くいたと聞きました。女子達はわざわざ家に立ち寄り、仏前で泣いている者もおりました。

式が終わって、村民を代表して高橋惣二が送別の趣旨などを朗読し、この後に送別の辞もたくさんあった。それから大宴会が開かれた。花火は学校前で数十本打ち上げられ、打物楽隊なども集まった。」

『日露衝突』を著す

一九〇四(明治三七)年に日露戦争が勃発した。この年、朝河は"The Russo-Japanese Conflict"(『日露衝突』)という英文書を著した。日露戦争における日本の大義を訴えたこの本は、英米の政界、学界に大きな反響を巻き起こした。この本は、目前の戦争に対し、開戦にいたるまでの国際関係の推移と経済の発達を客観的、統計的に研究し、日露両国の衝突の要因を明らかにしており、外交史として、今も高く評価されている。朝河は当時三〇歳であった。

『日露衝突』はアメリカ人に広く読まれていたことは知られていたが、英国ロンドンでも

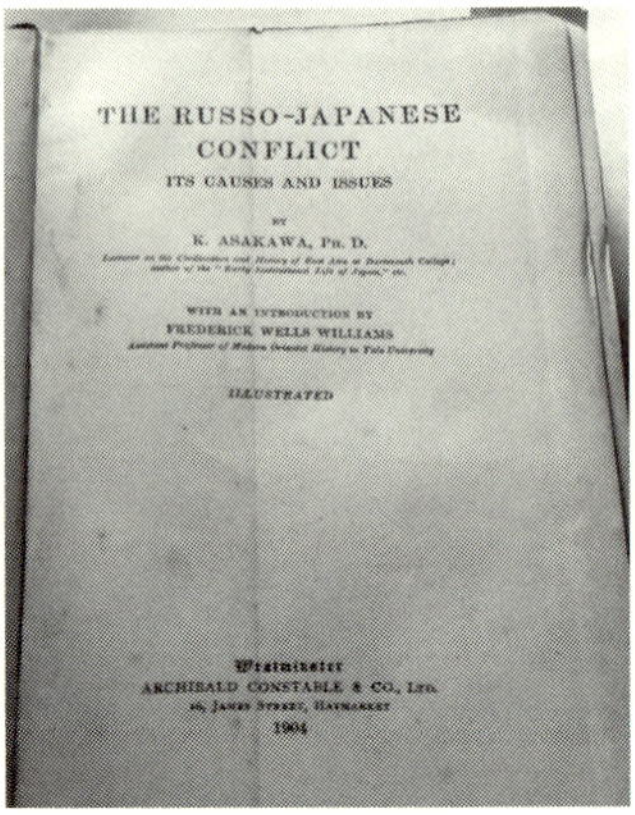

『日露衝突』

ヒットになっていたことを、次の新聞記事は報じている。

March 11, 1905 ,The Brooklyn Daily Eagle

（日本語訳）

「朝河氏の『日露衝突』は、ロンドンの新聞界で、ヒットとなっている。タイムズ紙は、『ロシア外交の批判的な告発は、まだ、世界に対して成されていない』と言明し、さらに、極東問題に理性的な興味をもっているすべての人の参照本として、この本を手元に置くべきであると言っている。この本は、ホートン・ミフィリン社で発行されている」（一九〇五年三月一一日　ブルックリン・デイリー・イーグル紙）。

この本が出版されてから、朝河は日露戦争についての講演会に三〇回以上招かれた。従来、いつ、どこで、誰を対象にして「講演会」が開かれたのか明確ではなかったが、一例として、Boston Daily Globe の報道記事を紹介しよう。

(Dr. Asakawa Speaks in Roxbury. Boston Daily Globe Jun 6, 1904,)

(日本語訳)

「朝河博士、コネチカット州、ロックスベリーで講演する

ダートマス大学の朝河貫一博士は、極東と日露間の紛争について、昨晩『ウォールナット通り会衆派教会』で、大勢の観衆の下で講演した。朝河はアルバート・H・プラム牧師から紹介された」(一九〇四年六月六日　ボストン・デイリー・グローブ紙)。

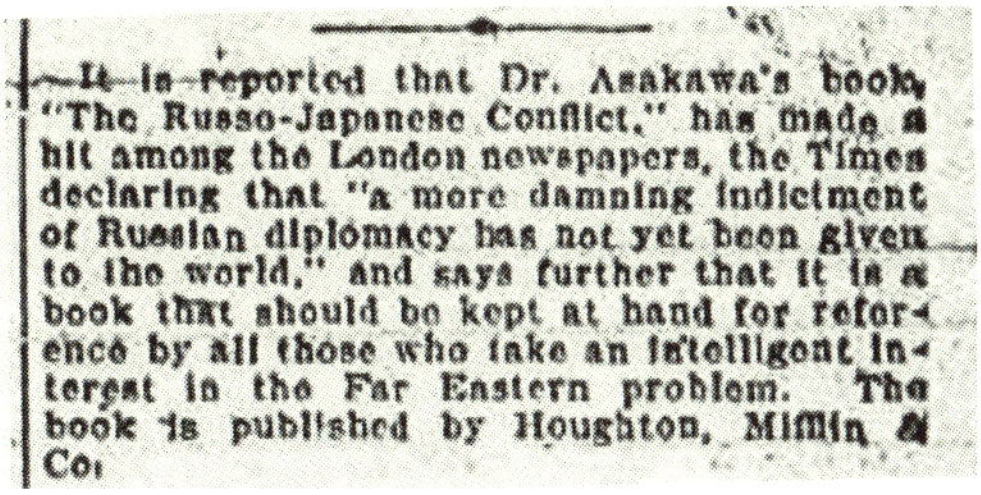

—It is reported that Dr. Asakawa's book, "The Russo-Japanese Conflict," has made a hit among the London newspapers, the Times declaring that "a more damning indictment of Russian diplomacy has not yet been given to the world," and says further that it is a book that should be kept at hand for reference by all those who take an intelligent interest in the Far Eastern problem. The book is published by Houghton, Mifflin & Co.

ブルックリン・デイリー・イーグル紙（1905.3.11）

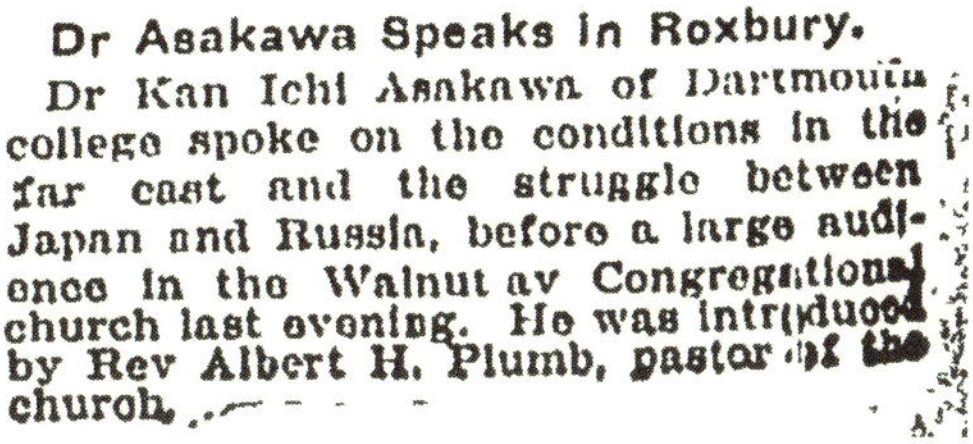

Dr Asakawa Speaks in Roxbury.

Dr Kan Ichi Asakawa of Dartmouth college spoke on the conditions in the far east and the struggle between Japan and Russia, before a large audience in the Walnut av Congregational church last evening. He was introduced by Rev Albert H. Plumb, pastor of the church.

ボストン・デイリー・グローブ紙（1904.6.6）

当時、欧米諸国民の日露戦争への反応は様々で、帝政ロシアを警戒する者もいたが、「キリスト教国ロシアと野蛮な後進地域アジアの小国日本との戦い」という程度の認識が一般的であった。しかし、朝河の活動によって、米

国政府・メディアの認識が変わり、米国世論を日本への同情に導き、理解を深めさせた点で大いに意味があった。

米国内での『日露衝突』に関連する朝河の活躍は知られているが、この度、初めて、オーストラリアでの反応を示す新聞記事が見つかった。「大日本帝国の隆盛と没落」という一九四五年八月一六日付シドニー・モーニング・ヘラルド紙から、一部を紹介する。

'Japan coldly set out to provoke war with Russia in 1904, because in the words of Asakawa she realised that otherwise she must forever abandon the hope of winning a position of equality among the great Powers.' (Thursday 16 August 1945, The Sydney Morning Herald)

(日本語訳)

(日本は冷然と一九〇四年ロシアとの戦争に踏み出した。朝河の言によると、そうしなければ、日本は永遠に列強と対等の位置を占めることは出来ないであろうと認識していたからである。)

一九〇五（明治三八）年アメリカのポーツマスで、アメリカ大統領T・ローズベルトの斡旋《あっせん》で、日露講和会議が開かれた。朝河はこの時、オブザーバーとして会議に参加し、「領土の割譲や賠償にこだわってはならない」と日本側代表団に再三忠告したという。講和条約は「領土については、南樺太のみ、賠償はなし」で決着した。しかし、開戦後二〇ヵ月で、日本側の動員兵力の約四割に当たる四万人強が戦死していた。これ以上の戦争遂行のための財政的裏付けがなかったことや、米国の斡旋によって辛うじて条約が調印されたこと等、多くが国民に伝えられていなかった。その結果、ロシアを打ち破り、ついに世界の「一等国」の仲間入りを果たしたという驕りと、現実にある重税、物価高騰による生活苦の不満が背景となって国民は激高し、「屈辱的条約破棄」等と叫び、社会のあらゆる階層が加わったとされる「日比谷焼き討ち事件」などが起こった。

ザ・サン紙（一九〇五年九月一日）にポーツマスに関する朝河の意見記事が掲載されている。

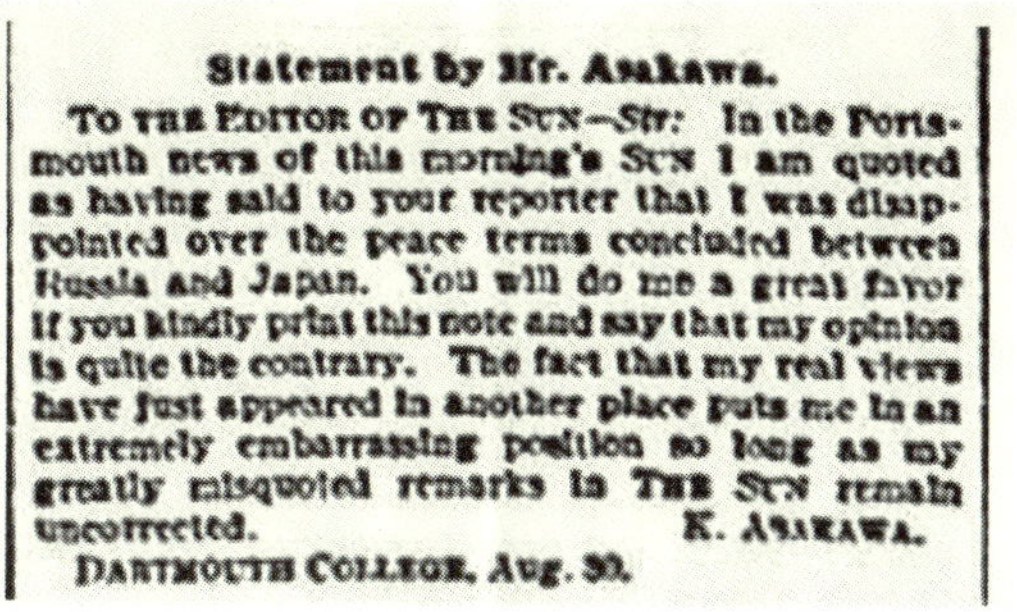

Statement by Mr. Asakawa.

TO THE EDITOR OF THE SUN—Sir: In the Portsmouth news of this morning's SUN I am quoted as having said to your reporter that I was disappointed over the peace terms concluded between Russia and Japan. You will do me a great favor if you kindly print this note and say that my opinion is quite the contrary. The fact that my real views have just appeared in another place puts me in an extremely embarrassing position so long as my greatly misquoted remarks in THE SUN remain uncorrected. K. ASAKAWA.

DARTMOUTH COLLEGE, Aug. 30.

ザ・サン紙（1905.9.1）

（日本語訳）

「編集者へ　今朝のポーツマスに関する報道で、私が貴紙の記者に、『日露間で締結された条約に失望している』と言ったと報じられました。私の意見は正反対であるということを貴紙に掲載していただけないでしょうか。他の新聞記事に出されたばかりの私の見解の事実は、貴紙に間違って伝えられた報道が、訂正されないまま放置されますと、私は極端にやっかいな立場に置かれることになるのです（一九〇五年九月一日ザ・サン紙）朝河貫一」。

四．結婚・一時帰国

朝河は、大学院時代に知りあったミリアム・J・C・ディングウォールと、一九〇五（明治三八）年一〇月一二日（通説では一三日。一二日は結婚証明書で判明）、教会で結婚式を挙げる。朝河三一歳、ミリアム二六歳のときである。彼女の明るく温かい性格が朝河の心をひきつけたようだ。一九〇七年九月一七日のニューヨークタイムズは「ミリアム・ディングウォール嬢と結婚へ」という見出しで、次のように報じている。

「イェール大学の朝河貫一氏は、前週、ワシントンの日本領事館で、結婚式を挙げたことを伝えている。さらに、花嫁の親族や友人がミリアムの婚約を知らず、驚いた。兄のマードック氏も、『朝河博士の妻になったという手紙を妹から今日受け取って、初めて知った』のだという。朝河博士は一九〇五年にイェールで勉学に勤しんでいる時にミリアムに会ったそうである。彼女は仕立屋で、当時食料品店を営む兄と同居していた。朝河氏は一八九九年（注・実際は一八九五年）に来米し、ダートマス大学を卒業後、イェール大学で博士号を取得した。その後ダートマスに戻り、『日本文明史』の教授となったが、イェールで同じ科目で教授職（注・実際は講師）に就くまで、この職にあった。夫妻はすでに契約しているアパートにて新生活を始めることになっている。教授

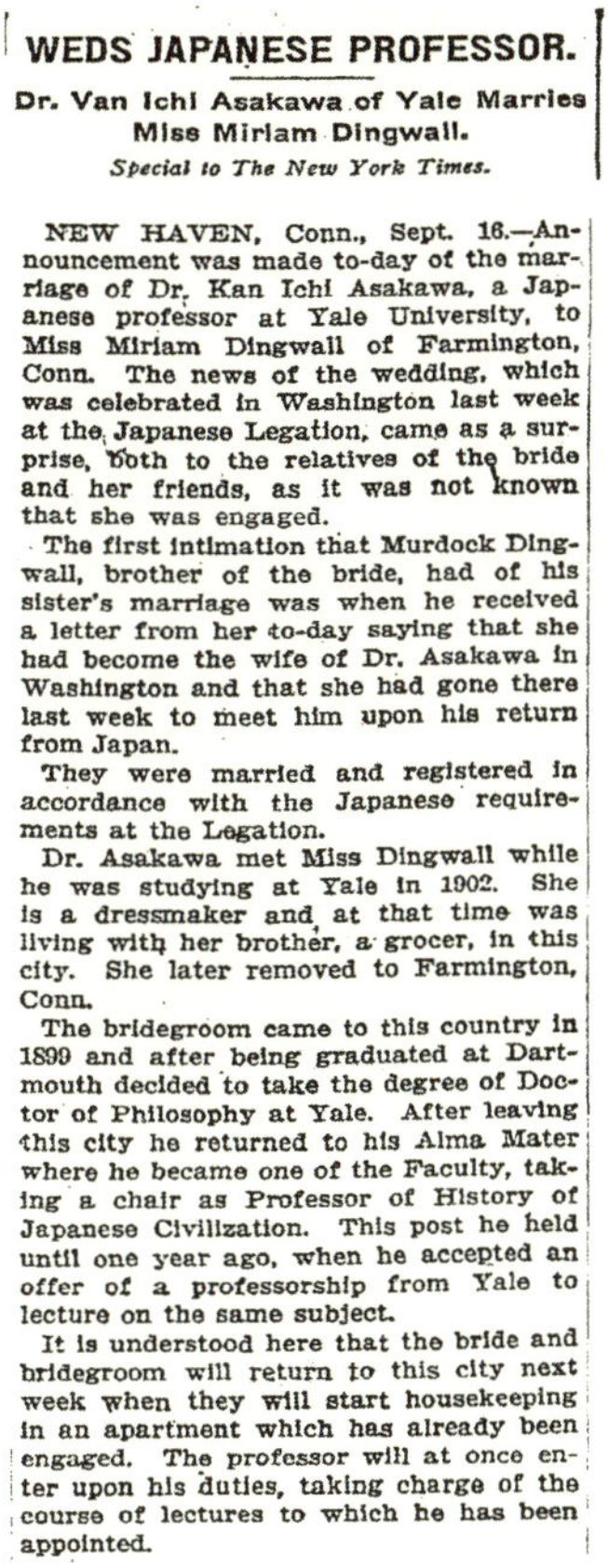

WEDS JAPANESE PROFESSOR.

Dr. Van Ichi Asakawa of Yale Marries Miss Miriam Dingwall.

Special to The New York Times.

NEW HAVEN, Conn., Sept. 16.—Announcement was made to-day of the marriage of Dr. Kan Ichi Asakawa, a Japanese professor at Yale University, to Miss Miriam Dingwall of Farmington, Conn. The news of the wedding, which was celebrated in Washington last week at the Japanese Legation, came as a surprise, both to the relatives of the bride and her friends, as it was not known that she was engaged.

The first intimation that Murdock Dingwall, brother of the bride, had of his sister's marriage was when he received a letter from her to-day saying that she had become the wife of Dr. Asakawa in Washington and that she had gone there last week to meet him upon his return from Japan.

They were married and registered in accordance with the Japanese requirements at the Legation.

Dr. Asakawa met Miss Dingwall while he was studying at Yale in 1902. She is a dressmaker and at that time was living with her brother, a grocer, in this city. She later removed to Farmington, Conn.

The bridegroom came to this country in 1899 and after being graduated at Dartmouth decided to take the degree of Doctor of Philosophy at Yale. After leaving this city he returned to his Alma Mater where he became one of the Faculty, taking a chair as Professor of History of Japanese Civilization. This post he held until one year ago, when he accepted an offer of a professorship from Yale to lecture on the same subject.

It is understood here that the bride and bridegroom will return to this city next week when they will start housekeeping in an apartment which has already been engaged. The professor will at once enter upon his duties, taking charge of the course of lectures to which he has been appointed.

ニューヨーク・タイムズ紙

はすでに任命されている授業に専心する。」

祖先の家系図調査によると、両親ともスコットランドからの移民で、ミリアムは六人兄弟の末っ子であると記載されている。

ミリアム

一九〇六（明治三九）年二月一日、朝河はシアトル港を後にする。前年一二月二七日に父にあてて帰国する旨を述べている。誰よりも帰国を心待ちにしていたのは、妻を失い、教職を離れて二本松に移り住んで以来一人暮らしの淋しさに堪えかねるようになっていた父であった。しかし、朝河は現在いかに重要な研究を米国で進めているか、いかに自分が期待されているのかをあらかじめ手紙で説明し、日本永住を望む父の希望に背かなければならない自分の立場を訴えている。朝河は、横浜港で一〇年ぶりに父と再会を果たす。

帰国後、朝河は二本松と東京を往復し、多くの要人と接触した。そのような中、父は急に腸捻転《ちょうねんてん》におそわれ、六二歳でこの世を去る。一九〇六（明治三九）年九月二〇日のことであった。朝河は菩提寺の二本松・真行寺で葬儀を済ませ、二本松の家をたたみ、東京での忙しい生活に入っていく。父の菩提は従兄弟の二郎（正澄の兄、宗形匡曹の次男）に依頼した。

五．『日本の禍機』の発刊

帰米した朝河は、一九〇七（明治四〇）年の新学期から、イェール大学での講義を始めた。担当は「日本文化史」であったが、その傍らイェール大学図書館の「東アジアコレクション」の管理者として、国際学術交流の重要な役割を果たすことになる。この頃書かれた、日本語での唯一の著書が、前述した『日本の禍機《かき》』であり、実業之日本社から刊行された。

一九一〇（明治四三）年、朝河は助教（assistant professor）に昇進し、「日本文明史」や「東洋近代史」の講義を受け持った。当時の彼は、欧州中世史の研究に情熱を傾けており、研究も兼ねて欧州へ何度も渡っている。

一九三〇（昭和五）年に彼はイェール大学の歴史学准教授（associate professor）に昇進し、一九三七（昭和一二）年、米国の一流大学において日本人として初めて教授（professor）に昇進した。准教授に昇進してからは身分が安定した。

レーク・モホンク湖畔列国仲裁会議に出席

レーク・モホンク列国仲裁会議は、一八九四（明治二七）年に初めて開催された。毎年

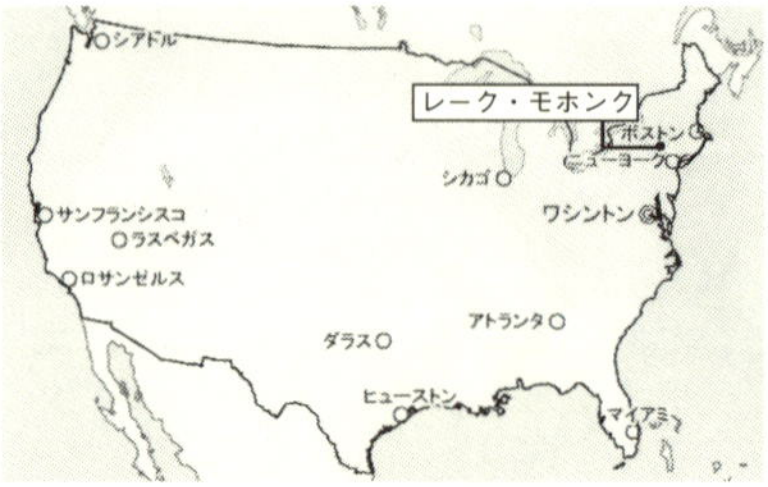

レーク・モホンク地図

レーク・モホンク会議出席

五月頃に開催された。この会議は、できるだけ国際法の制裁を行い、可能な限り国家間の紛争を法的に調停しようとする目的で開催された。一九二〇（大正九）年の国際連盟による常設国際仲裁裁判所成立まで、その役割を果たした。この会議は一八九五年から一九一六年にかけて何度も開かれ、著名人が大勢参加した。特に一九一六年の会議は、第一次世界大戦にアメリカが参戦する前年に開かれ、タフト米元大統領やブライアン前国務長官も参加した。従来、「父や妻の死、届かぬ祖国への思いは、一層朝河を研究生活に駆り立てた」等と言われていたが、実際は学術研究だけでなく、一九一三年、一九一四年、そして一九一六年と、朝河は peace advocate（平和の提唱者）として、モホンクの重要な会議に出席し、平和活動をしていたのである。

六．キュレーターとしての生涯

朝河は三つの顔をもつ。一つは、歴史学者であり、二つ目は第二次世界大戦で果たした「平和の提唱者」であり、三つ目は、キュレーターである。

キュレーターとは日本で言う「図書館長」などではない。「知の総合コンサルタント」と呼べるものであり、朝河は一九〇七年～一九四八年まで四一年間、イェール大学図書館でその任にあった。当時キュレーターとして朝河が果たした役割は、

ア．図書の収集

イ．「レファレンス図書目録」の作成（これは書籍を所蔵していく指針に、極めて大きな役割を果たすだけでなく、各専門領域の土台となり、研究活動そのものに大きな影響を与えるものである）

ウ．日本の情報を必要としている人や機関と、日本の情報を広めたいと考えている側の仲介となり、結びつけること

の三つであった。

した朝河は、イェール日本人会の支援のもと、アメリカにしっかりした東洋博物館をつくるために、黒板勝美[10]を中心に、日本国内での図書収集活動を開始した。この活動により集められた図書は、一九三四（昭和九）年、イェール大学日本人会の寄贈図書としてイェール大学に届けられた。これら書籍は、日本の文化の展開を歴史的に示すことができるように工夫して収集されている。また、日本の印刷技法や書物の歴史を知るためのサンプルとなるような文献類や、中世以降のオリジナルの史料も多数含んだ、貴重なものであった。

海外における日本蔵書の歴史を調査していた、早稲田大学教育・総合科学学術員教授和田敦彦氏によると、キュレーターとしての朝河の分類方法の特徴としては、日本語図書の分類表と中国語図書の分類表の二つを別々に、しかも西欧の出版物に見合う形、イェール大学の分類方法にあわせて作成していることが挙げられるという。朝河の分類には、日本、中国のそれぞれの文化、歴史の固有性を尊重しつつ、欧米という場に置こうとする思想が、その背景として見えてくる。朝河にとって図書分類は、単なる実用性や便利さの問題ではなく、それぞれの文化の固有の価値が尊重されるか、従属させられるか、という切実な問題であり、日本と中国とが、それぞれの場所で息づいてきた書物の空間をどのように米国で作り上げるかという問題であったと言える。

庶流入来院邸の茅葺き門

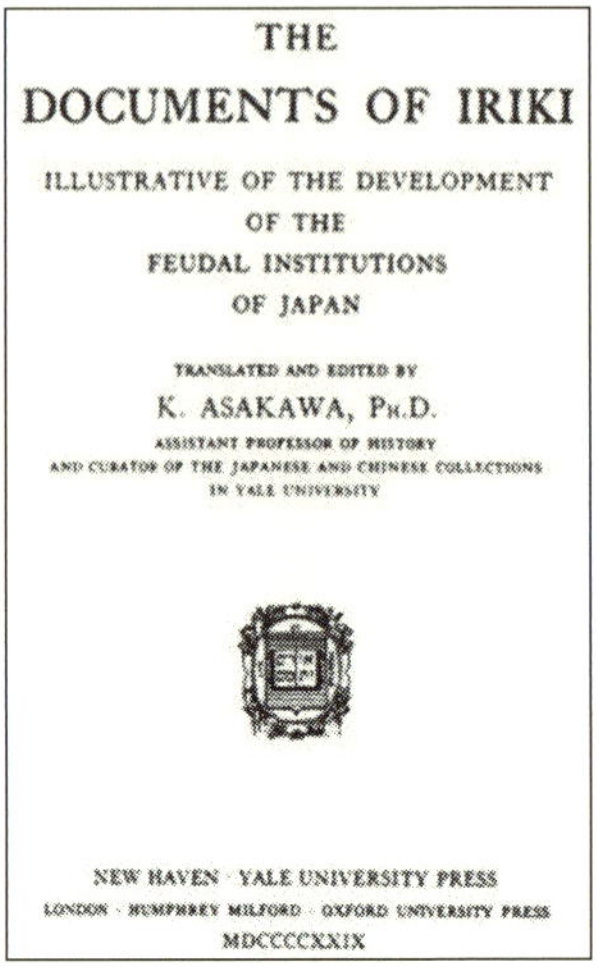
THE
DOCUMENTS OF IRIKI
ILLUSTRATIVE OF THE DEVELOPMENT
OF THE
FEUDAL INSTITUTIONS
OF JAPAN

TRANSLATED AND EDITED BY
K. ASAKAWA, PH.D.
ASSISTANT PROFESSOR OF HISTORY
AND CURATOR OF THE JAPANESE AND CHINESE COLLECTIONS
IN YALE UNIVERSITY

NEW HAVEN · YALE UNIVERSITY PRESS
LONDON · HUMPHREY MILFORD · OXFORD UNIVERSITY PRESS
MDCCCCXXIX

『入来文書』

『入来文書』を英米で刊行

イェール大学から日本留学を命ぜられ、一九一七（大正六）年から一九一九（大正八）年九月までの二年間、東京帝国大学の史料編纂所に籍を置き、日本とヨーロッパの封建制度の比較のために、朝河は日本における封建的土地所有関係の研究に専心する。「東寺百合文書」「東大寺文書」等の研究を行い、さらに一九一九（大正八）年五月から七月までは鹿児島県薩摩郡入来《いりき》村の「入来院文書《いりきいんもんじょ》」等の調査研究に集中した。この文書は一二世紀から一九世紀にかけての七五〇年以上の長期に渡り誌されたものであり、日本の封建社会の構造を解き明かすのに最適であった。同年一〇月にイェール大学に戻った朝河は早速“The Documents of Iriki ; illustrative of the development of the feudal institutions of Japan”（『入来文書』）のまとめにとりかかり、一〇年後の一九二九（昭和四）年春、ようやく完成させ、イェール大学とオックスフォード大学から刊行された。内容は古文書『入来文書』の解読と英語への翻訳、そして日欧封建制の相違を訳注によって示すというものであった。この大著は日本の封建時代の政治的変遷と社会構造の本質を明らかにするものとして画期的な意義を持ち、比較法制史家としての朝河の名声を世界的に確かなものとした。この功績により、母校のダートマス大学からは文学博士の名誉学位が贈られた。

9 初版本、限定本や古書などで、世間に広く出回っていない本
10 歴史学者、長崎県生まれ。元東大教授。古文書学を確立した。「国史大系」を新増補。

七．愛妻ミリアムの死

一九一三（大正二）年二月四日、彼に突然の悲劇が襲う。愛妻のミリアム・J・C・ディングウォール（日本名「美里安」）が亡くなったのである。三四歳の若さであった。彼女はかねてより病弱で、なおかつバセドー氏病にも罹っていた。病状が悪化し、ニューヘブン市の療養所で受けた手術の結果が思わしくなく、そこで息を引き取ったのである。ミリアムは明るく、温かい性格の持ち主で、米国という異国にいる彼にとっては心の支えであった。日本から客が訪れると、自慢げに愛妻を紹介するのを常としていた朝河にとって、彼女の死は衝撃的な出来事であった。夫妻には子どもはなく、朝河にはこの後、結婚したい

と思う女性が現れたことはあったようだが、生涯独身を通した。

一九一七（大正六）年、二度目の帰国の様子を伝える新聞からも、妻を失った朝河の哀しみの深さがうかがえる。

「……当時博士は、藤原時代の荘園制度についての研究に没頭しておられた。何の飾り気もなく、狭いに関わらず妙にがらんとした部屋の、薄暗い電灯の下に、博士は、ぽつねんと座っておられた。言われる言葉もニューヘブン時代と異なり、いぶしの加わったような感銘を受けた。ひたむきな学究の徒として終始した人であるだけに、夫人を亡くしたことがどれだけ心の痛手になったことやら、私のような者にも、然るべき夫人の心当たりがあるなら、アメリカへ連れて帰りたいと意向をもらし、〔坪内〕逍遥にも頼んだことと察せられるが、結局好配が得られず孤独の生涯を閉じられた」（一九四九・一・一〇『福島民報』坪内士行[11]）。

東京帝国大学旧蔵書五〇万冊焼失

妻ミリアムの死から一〇年後の一九二三（大正一二）年九月、関東大震災が起こり、東京帝国大学図書館蔵書約五〇万余冊（稀覯《きこう》本三～四万冊を含む）が焼失した。この時東大図書館長・和田万吉は、朝河の系統的な図書収集能力と、米国内において彼が持っている影響力、実行力を見込んで、朝河に図書収集を依頼した。朝河は労を惜しまずに東奔西走して書籍の斡旋を行った。今日、東京帝国大学図書館の洋書の中に米国からの寄贈本がかなり含まれているのは、朝河の尽力によるものである。

一九三七（昭和一二）年七月朝河はイェール大学教授に昇進する。そして、一九四一（昭和一六）年一二月に太平洋戦争が勃発する。開戦後は、米国に対する忠誠の誓約をさせられたり、銀行口座を凍結され、週二五ドル以上の払い戻しはできない等の制約を受けたりしたものの、朝河のイェール大学での研究活動の自由は保障されていた。

11　演劇評論家、早稲田大学教授。坪内逍遙の養子（甥）

八．日米開戦、大統領親書、敗戦

一九三一（昭和六）年九月一八日、満州奉天郊外（現・中華人民共和国東北部）で起きた鉄道爆破事件は「満州事変」として軍部の手により拡大され、戦火は中国各地に拡大していく。一九三二（昭和七）年、「満州国」建国によって中国国民党政府と日本との対立はますます激しくなり、国際連盟からもリットン調査団が派遣された。日本は「満州国」

Text of Roosevelt's Message to Hirohito

Special to THE NEW YORK TIMES.

WASHINGTON, Dec. 7—Following is the text of President Roosevelt's last-minute peace appeal to Emperor Hirohito of Japan, sent late yesterday and made public today at the White House:

Almost a century ago the President of the United States addressed to the Emperor of Japan a message extending an offer of friendship of the people of the United States to the people of Japan. That offer was accepted, and in the long period of unbroken peace and friendship which has followed, our respective nations, through the virtues of their peoples and wisdom of their rulers have prospered and have substantially helped humanity.

Only in situations of extraordinary importance to our two countries need I address to Your Majesty messages on matters of state. I feel I should now so address you because of the deep and far-reaching emergency which appears to be in formation.

Developments are occurring in the Pacific area which threaten to deprive each of our nations and all humanity of the beneficial influence of the long peace between our two countries. Those developments contain tragic possibilities.

The people of the United States, believing in peace and in the right of nations to live and let live, have eagerly watched the conversations between our two governments during these past months. We have hoped for a termination of the present conflict between Japan and China. We have hoped that a peace of the Pacific could be consumated in such a way that nationalities of many diverse peoples could exist side by side without fear of invasion, that unbearable burdens of armaments could be lifted for them all, and that all peoples would resume commerce without discrimination against or in favor of any nation.

I am certain that it will be clear to your Majesty, as it is to me, that in seeking these great objectives both Japan and the United States should agree to eliminate any form of military threat. This seemed essential to the attainment of the high objectives.

More than a year ago Your Majesty's government concluded an agreement with the Vichy Government by which five or six thousand Japanese troops were permitted to enter to Northern French Indo-China for the protection of Japanese troops which were operating against China farther north. And this Spring and Summer the Vichy Government permitted further Japanese military forces to enter into Southern French Indo-China for the common defense of French Indo-China. I think I am correct in saying that no attack has been made upon Indo-China, nor that any has been contemplated.

During the past few weeks it has become clear to the world that Japanese military, naval and air forces have been sent to Southern Indo-China in such large numbers as to create a reasonable doubt on the part of other nations that this continuing concentration in Indo-China is not defensive in its character.

Because these continuing concentrations in Indo-China have reached such large proportions and because they extend now to the southeast and the southwest corners of that peninsula, it is only reasonable that the people of the Philippines, of the hundreds of islands of the East Indies, of Malaya and of Thailand itself are asking themselves whether these forces of Japan are preparing or intending to make attack in one or more of these many directions.

I am sure that Your Majesty will understand that the fear of all these peoples is a legitimate fear, inasmuch as it involves their peace and their national existence. I am sure that Your Majesty will understand why the people of the United States in such large numbers look askance at the establishment of military, naval and air bases manned and equipped so greatly as to constitute armed forces capable of measures of offense.

It is clear that a continuance of such a situation is unthinkable.

None of the peoples whom I have spoken of above can sit either indefinitely or permanently on a keg of dynamite.

There is absolutely no thought on the part of the United States of invading Indo-China if every Japanese soldier or sailor were to be withdrawn therefrom.

I think that we can obtain the same assurance from the governments of the East Indies, the governments of Malaya and the Government of Thailand. I would even undertake to ask for the same assurance on the part of the Government of China. Thus a withdrawal of the Japanese forces from Indo-China would result in the assurance of peace throughout the whole of the South Pacific area.

I address myself to Your Majesty at this moment in the fervent hope that Your Majesty may, as I am doing, give thought in this definite emergency to ways of dispelling the dark clouds. I am confident that both of us, for the sake of the peoples not only of our own great countries, but for the sake of humanity in neighboring territories, have a sacred duty to restore traditional amity and prevent further death and destruction in the world.

昭和天皇に送られたローズベルト米大統領親書

の承認が一対四二で否決されると、国際連盟を脱退し国際社会で孤立化の道を歩み始める。

五・一五事件（一九三二（昭和七）年）、二・二六事件（一九三六（昭和一一）年）を経て軍部の支配が強くなり、一九三七（昭和一二）年、中国国民党政府との戦争に突入する。やがて、一九三九（昭和一四）年、ドイツのポーランド侵攻によって第二次世界大戦が始まる。

日米開戦だけは阻止すべく、朝河は昭和天皇宛ローズベルト米大統領親書の作成に没頭する。その内容はペリー来航以来の一世紀以上にわたる日米関係から始まり日米の友好関係を協調したものであったが、最終的に届けられた親書の内容は、朝河の草案とは大きくかけ離れたものであった。しかも、東京に届けられたのは一九四一（昭和一六）年一二月八日、既に日本軍による真珠湾攻撃が開始された後だった。一九四五（昭和二〇）年にドイツは無条件降伏をし、八月には広島、長崎に原爆が投下され、日本はポツダム宣言を受諾・調印し、第二次世界大戦は終わる。

九．晩年――母国復興への願い、学究生活の日々

朝河の研究室

日米の開戦、そして敗戦は朝河貫一にとってもショックであった。彼は日本の友人からの手紙で、敗戦後の日本の混乱を知り心を痛めた。その後、彼は日本の復興を願いながら、より一層研究活動に力を注ぐこととなる。研究に向かうその姿勢は、イェール大学定年後も変わらなかった。むしろ定年前より厳しさを加えていったと言われている。彼は朝六時から夜は八時過ぎまで、午後に大学キャンパス内を短く散歩する他は、研究活動に邁進した。

一九四八（昭和二三）年夏、朝河は毎年恒例となっていた貸別荘グリーン・マウンテン・イン（バーモント州ウエ

朝河の墓、左：（米国グローブストリート）、右：（二本松市金色）

スト・ワーズバロ）での避暑に出掛け、いつものように「夏休みの仕事」をたくさん持参した。そしていつもの夏のように、学問（朝河はこの言葉を非常に好んだという）に励んだ。

しかし八月一一日の明け方、彼を突然に病魔が襲った。死亡診断書によると、死因は肺水腫であったという。誰に看取られることなく息を引きとり、ここに朝河は七四年七ヵ月の生涯を閉じたのである。ちなみに、この臨終の地ウエスト・ワーズバロは、朝河が、生後間もなく二本松から移り住み、一五年間過ごした故郷、立子山（現・福島市立子山）の佇まいによく似ている場所である。古里は、やさしい山並み、四季折々に変化する山容、そして山懐に抱かれるように人家が点在する緑豊かな所である。古里そっくりの風景の中に身を置きながら、研究活動に没頭したのであろうか。

訃報は全世界に伝えられ、「現代日本が生んだ最も高名な世界的学者 Dr. Kan'ichi Asakawa」と表現しながら、その死去を報じた。また、進駐軍の主力アメリカ軍の新聞「星条旗（スターズ&ストライプス）」も、哀悼の記事を載せた。

朝河庭園

朝河庭園（イェール大学構内）

二〇〇七年一〇月、イェール大学セイブルック・カレッジの構内に、イェール大学講師就任一〇〇周年を記念して、「朝河庭園」がイェール大学と「朝河貫一博士顕彰協会」等の尽力で造られた。この開園式に、正澄の兄・匡曹の子孫である大室氏と、貫一の姉、キミの子孫である森氏親子が出席して、朝河貫一を偲んだ。また、『入来文書』ゆかりの入来院重朝・貞子夫妻も出席した。

朝河庭園建設は、イェール大学側から、朝河博士イェール大学奉職一〇〇周年を記念し、朝河の業績を記す記念碑のようなものを作りたいとの提案が日本側になされ、「朝河貫一博士顕彰協会」が中心となって具体化の作業と資金集めを始めたものである。作庭者は国連本部の日本庭園を手がけた阿部紳一郎氏で、庭園は、力強く玉石を配置し、サムライの剛健さを表現している。一方、自然を模した敷石の模様は、異なる二つの国の調停者としての歴史的役割を反映している。庭園は、ネオゴシックの建物に囲まれた前庭の閑静な一隅にあり、庭石、楓の木、池と灯籠は静、平和、省察を表している。

誰でも、どんなトピックでも演説できる、ロンドンのハイドパークにあるスピーカーズ・コーナー（Speaker's Corner）のように、「学内や国際間にもめ事や紛争が起こったとき、関係者が国籍や立場を越えて、この庭園に集い、自由に意見を交わし、問題解決が図れるように」との考えから造られた庭園である。セイブルック・カレッジにあった、かつての朝河の研究室からちょうど見下ろせる場所にある。

第三章　朝河貫一の人間形成

朝河貫一は一八七三（明治六）年二本松で生まれ、一八九二（明治二五）年上京するまでの約一九年間、現在の二本松市、川俣町、福島市、郡山市と、福島県内で過ごした。彼の人間性はこの地で、両親を初め地域の人々、教師たちと彼自身の努力によって培われたといえよう。ここでは彼を育んだ父・正澄と五人の恩師を取り上げて見ていく。

一．二本松藩士、父・朝河正澄

朝河貫一は父のよき薫陶を得て世界に船出した。貫一が大成していく源は、父・正澄と継母・エイの愛情に満ちた家庭教育にあった。父は戊辰戦争を生き延びた学術と武芸百般に通じた元武士であり、その強靱な精神力と旺盛な探究心は息子・貫一に引き継がれた。また貫一は、幼い時から漢籍や古典を父から学んでいる。正澄が立子山の夜学校で用いたテキストとして、福沢諭吉の

朝河正澄

略　歴

芸　術

生誕（1844年）から二本松城落城（1868年）までの文武の履歴（本人自筆「手記」より）

1844年　父、宗形治太夫の二男（七人兄弟姉妹の三番目）として、二本松市城北鉄砲谷で生まれる

1853年（9歳）　小野派一刀流を、師範日夏孫兵衛に就いて学ぶ

1857年（13歳）　儒学者、山田次郎八（朝河八太夫の従者として戊辰戦を戦う）に就いて漢学を学ぶ

1858年（14歳）　斎藤一郎[1]に就いて国学を学ぶ

1859年（15歳）　先意流《せんいりゅう》薙刀《なぎなた》を学ぶ

1860年（16歳）　宝蔵院流槍術を学ぶ。乗馬を習う

1861年（17歳）　武衛流砲術を朝河八太夫に就いて学ぶ
揚心流柔術を学ぶ

1862年（18歳）　小野派一刀流目録を授与される
先意流薙刀の極意を伝授される

1859～1864年（15～20歳）芝浦沖で水練を学ぶ

1864年（20歳）　先意流薙刀教授として、屋敷内の子弟に教授する

勤　務

1857年（13歳）　父治太夫が定府[2]を命じられたために、江戸に行く

1864年（20歳）　公務を帯び、京都、浜松等各地の人と交流する。帰路鎌倉、江ノ島を見物する

1865年（21歳）　浮浪の輩取り締まりのために、武術に勝れた壮士選抜の任に当たる

1868年（24歳）　藩全員が二本松に帰る

1874年（29歳）　福島県から三等授業生を命ぜられ、同年開校する立子山小学校に勤務する。以後30年間勤務

1　貫一の曽祖父で斎藤彦麿の次男（川越藩士）

2　江戸時代、大名、交代寄合い以外の旗本・御家人および大名の家臣が、参勤交代をせずに、江戸に定住したこと。

『西洋事情』などがあったと伝えられているが、立子山小学校が住まいであったことを考えると、貫一は五～六歳のころから既に海外の情報に接していたと充分に考えられる。父・正澄の存在そして生育環境を抜きにして朝河貫一は語れない。

朝河正澄の武士道

次は、貫一が"Bushido"（『武士道』一九〇五年 英文）と題して、父・正澄が話してくれたことを述べたものである。

（日本語訳）

「年老いたサムライが（実際には私自身の父、朝河正澄のことだが）、若い頃に、どの様な訓練が行われたかを話してくれた。

父は日の出前に起床して、雪の中を裸足で歩いて剣術道場に通った。そこでは、父よりも年長の門弟が、可能なあらゆる方法で道場に通う年少者の肝試しを試みた。新入りは師範から叱咤激励された。例えば、年長の門弟が、囲炉裏から燃える薪を新入りに取り出させ、自ら突然床に投げ散らした。床に燃え移らないうちに新入りに拾わせ、囲炉裏に戻させた。あるいは新入りに対して、泉から手桶一杯の冷水を運ばせ、二年目の門人が床の上にこぼす。それを最も素早く拭き取るように新入りに命じた。拭き取るものを何も持っていない新入りは、道場着を用いるかもしれない。父が道場に行くときには、道場着が板のように固くなり、ガバガバに凍っているであろう。それから、父は完全に息切れするまで剣道の練習をさせられ、正午になって父の弁当箱は先輩達によって盗まれていたことに気づく。暗い雨の夜、若いサムライがお互いに死や悪霊の気味の悪い話をしあう。次に、誰かがちょうちんをつけないで、一人で処刑場に行き、数時間前にはりつけにされた十字架を登って、死者の歯の間に小枝を挟んでくるように言われる。同じような肝試しで、若者は戸外に出される。巧みに作られた人工の鬼火が棒の上で燃えている。その若者はひどく興奮して刀を抜いて、提灯を切り裂いた。彼は提灯切りでは勝利を収めたが、鬼火に自分の刀を抜いたことで、生涯、笑いものにされた。サムライの刀は、どうしても必要な時以外に、鞘《さや》から抜いてはならないのだ。これとは逆に、別の若者は、暗闇で何かがまさしく彼の目を覆うのに突然気がついた。彼はしばらく冷静にしていたが、すぐ人間の手の温もりを感じた。それから彼は、何でもないのがわかって笑った。そのような勇気と忍耐の試みがなされた。特に、疲労、飢え、肉体的苦痛に耐えることが行われ、その結果がサムライ共通の遺産となった」（“Bushido”より）。

この中の「サムライの刀は、どうしても必要な時以外に、鞘から抜いてはならない」、その過程こそ武士道なのである。それは、〈義〉の完遂のためであり、〈堅固の意志〉を持たなければできないことであり、〈沈毅・深慮〉を保たなければなし得ないことである。

戊辰戦争で、正澄は白河口に赴くことを命じられる。この時から二本松城落城、そして悲惨な家臣団の最期まで、この戦いにおける自分の言動のすべてを、彼は後に「手記」として記録に残している。これは緊迫したぎりぎりの状況下での人々の生々しい言動の記録である。その中から幾つかを取り上げて見ることにする。

（一部現代語訳）

○西軍の進撃を白河で阻止できなかった二本松藩を初めとする奥羽越列藩同盟軍は、後退を余儀なくされ、須賀川、棚倉、郡山へと移動して戦う。須賀川まで退いた時、正澄は指揮官・総督丹羽丹波《にわたんば》から、会津兵の道案内をするよう直々に命じられる。戦争勃発後江戸から呼び戻され、この辺りの地理に不案内な正澄は、「私はその任に相応しくない」と断る。その時傍らにいた軍事奉行が「貴殿は敵を恐れて断るのか」と詰問する。正澄は「小生はたとえ身分が低く力が劣っているとしても、国家存亡の秋《とき》[3]に、どうしてこの身を惜しむことがありましょうか。幾十の我が身を捨てようとも、主家への何代にもわたるご厚恩に報いるには足りません。然《ただ》し……」とその理由を理路整然と述べる。それを聞いた総督は、「貴殿の趣旨、きわめて道理に合っている」と納得する。究極の状況下での、〈沈毅・深慮〉〈堅固の意志〉〈義に勇むこと〉、その根底にある藩・主家に対する〈忠〉こそ、正澄の武士道である。

〇二本松藩兵が郡山にさしかかった時、「二本松藩が敵と和議を結んだ」という報告（噂）が会津藩に届く。その真偽・事実究明を巡って会津藩の隊長辰野と正澄が緊迫したやりとりをする。辰野は「貴藩の士族二人を人質として私に預からせてほしい」と言う。正澄は「（これから真偽を確かめてくる。）それが真実なら、私は必ず戻りましょう。その時は、小生一人を人質として、他の二人を放免願いたい」。……辰野「あなたのお考えすべて了承しました。あなたの義気には深い感銘を受けました」。一方総督丹羽丹波に対して、正澄は「総督は、辰野に対して義を欠いたのではないですか」と直言する。正澄はあくまでも〈義〉〈堅固の意志〉〈自ら欺かざる常識〉の男である。正義、条理……。また、辰野に対する〈礼譲〉も心からのものであろう。

〇この時父上（注・宗形治太夫）は老身で有りながらも、若宮口関所を警護しておられた。

当初は、城への帰り道には必ず父上にお目にかかろうと楽しみにしていたが……とうとう父上にはお目にかかることができなくなってしまった。生涯残念この上ないことである〈自重・情愛〉。

〇二九日未明、敵軍は二本松に総攻撃する。総勢二万七～八〇〇〇人という。味方は合わせて六〇〇余人。多勢に無勢で戦いにならない。午前九時に落城し、生き残った兵は米沢方面へ逃げた。家老、大城代、小城代、その他城中で切腹する。この日の戦死者はおよそ二〇〇余名。私は和田一、斎藤半助、松井織江と四人で城に留まったが、敵が四方にいるので出ることができない。斎藤半助は言う。「国が滅び家臣が死ぬることはもとより覚悟していたことである。いっそ敵中に討ち入り死んだ方がよかった」。和田一が言う。「今、大勢の敵の中で討死することは、我分において満足であるにしても、もし自分が死んだら、一体誰がこの状況を君家に報告できるのであろう。無駄死にをしてはいけない」。一同これに同意し、銃を捨て、刀を抜いて囲みを突き、もし負傷したり戦死したりすることになっても、お互い助けることが叶わない状況になった時には、情を捨て仲間を顧みることなくその場から走り去り、たとえ一人になっても生き長らえて、この状況を主君に報告することを約束し、皆敵陣に突撃して城北より出て、ひた走って……

この究極のぎりぎりの場面で、正澄ら四人の交わした言葉の中に、二本松藩士の武士道を見てとることができる。〈主君への忠〉〈生きることにより果たす忠〉〈綿密周到の思考力である深慮〉〈仲間への礼譲〉（「情」を捨てる確認は、裏を返せば「情」へのこだわりを示すものであろう）。そして、敵陣への突撃〈義に勇むこと〉、これらすべてが、二本松藩の武士道であり、正澄の武士道であり、そして、これが貫一の武士道へと引き継がれたと考えられるのである。この武士道は、その後の正澄の生き方そのままである。

ここでは、アメリカにいる貫一に宛てた二通の手紙から正澄の日常に根付いた「武士道」を見ていきたい。

ダートマス大学卒業を目前にしたある日、貫一から両親宛書簡が届く。そこには、このままアメリカに留まり、更に研究を重ね、将来は世界を舞台に活躍したい旨が綴られており、両親に許しを乞うものであった。一八九九（明治三二）年六月三一日にその手紙を受け取った正澄は、翌日（七月一日）に返信している。次がその抜粋（一部現代語訳）である。

［正澄から貫一宛書簡］（一八九九・七・一付）

「今回の件は自分たちには実に重大なことであります。……間もなく帰国するものと、二人とも指折り数えて、ひたすら無事に帰ってくることばかり祈っておりました。母親（継母・エイ）などは非常に驚いております。しかしよくよく考えてみれば、これはいわゆる『私情』であって、押さえられないものではない。第一これまで一方ならず大変お世話になった（タッカー）博士[4]の恩に報いることは、間接的には我が邦家（注・日本）に益をもたらすことになると考えるので、博士の意向に沿って今後益々勉強に励まれるようにしてください。自分は未未《まだまだ》五六歳、老衰にもなっていないので、幾重にも我慢することはできます。しかしながら、体を大事にすることは必ず怠らないようにしてください。つきましては、音信は必ず怠らないように頼みます。それだけをひたすら待っております。年に一度位は写真もお送りください。これ以上多言は致しませんが、万事私の胸中をお察しください。」

我が家にとっての一大事を一晩で決断する〈潔さ、堅固の意志、深慮〉、私情を圧し殺し国益を優先する〈義〉、世話になった方の恩義に報いるべき〈礼譲〉、そして切々たる子への愛〈自制、深慮〉、これこそ正澄の武士道なのである。

さらに、この正澄の返信が貫一に届くまでの間に、貫一は六月一七日付で更なる手紙を発している。

「決断はすべて父上に委ねます。しかし、今自分に起こっていることは天命と受け止めています。……当大学教授の俸給は一年一〇〇〇ドル以上三五〇〇ドル以下でありま す。総理（注・原文のまま、総長か？）は四〇〇〇ドルであります。そうすると、私は一〇〇〇ドルを得ることが出来ます。……そうなれば、父上、母上にはこのお金で他人の世話にならず気ままに過ごしていただけます。私はそうしていただきたいと思っています。私はしばしば帰朝してお目にかかりたいと存じます。」

ここで朝河は、決断を父に委ねると言いながら、自分が世界で生きることは天命といい、並々ならぬ決意で父に訴えている。大学教授の俸給について述べたのは、異国で生きる自分を心配している両親に安心してほしいという思いと、両親にも不自由はかけたくないという一人っ子としての責任を果たす決意の表れであろう。父・正澄は、この手紙を読まずとも、息子の強い決意を読み取り、即断した。

次は、その貫一からの手紙に対する正澄の返信（一八九九・八・八付）である（抜粋、一部現代語訳）。

「去る七月四日及び一五日頃に再度手紙を出しましたので、既に読まれたことと存じます。先ず大学院に二〜三年は要し、大学院を出た後は教授になるということですが、その後およそ何年位そちらにいる考えですか。あらかじめ承知いたしておきたいと思いますが、万事その折に改めて承りたく思います。

……お申し越しの件、数年後は最も心易き親類中に身を寄せ、独立して気ままに過ごすということもあると思います。しかし差し当たり身を寄せる十分な部屋もないので、いつまでも独立して過ごすことが出来なくなった時には、自決する覚悟でおります。従ってこのことについては、決してご心配に及びません。

お金さえあれば、世界に遠い処はなく、自由自在であるので、そなたが天命に従って天職を成し遂げると思えば、傷心など少しも致していないので、必ず必ず心配なく勉学に励むようにしてください。ただし手紙並びに写真は年に一回位はひとえに待っております。」

二本松城落城から三〇年、正澄五六歳、彼の生き様は武士道の「自制と名誉に基づく究極の決断」である「自決」という文字を書くことによって、己の不退転の覚悟を貫一に示し、親への孝や恩を乗り越えて、自分の道をどこまでも進むようにとの親心と決意を述べたものと解することができる。これは、正に「武士道」の神髄そのものであった。

二本松（明治時代）

二本松藩校・敬学館の教育

藩校とは、近世の諸藩が主として藩士の子弟を教育するために、一七〜一八世紀江戸時代の中葉より一九世紀の後半の幕末・明治初期にかけて設けられた学校である。

二本松藩で藩校らしきものができたのは、宝暦年間（一七五一〜一七六四年）であった。六代藩主丹羽高庸は、江戸藩邸内に文武学校を設立し、家臣に漢学と小野派一刀流の武術を修練させた。その藩校は、射的場（弓場）、馬場、角打場（射撃場）も備えていた。

その後、一八一七（文化一四）年、丹羽長富（九代藩主）は、文武学館と手習所を設立し、これを「敬学館」と称した。「敬」は朱子学の修養法の中心とされており、「敬」を重んじる学館という意味である。敬学館は士分（注・江戸期の武士階級のうち、正規の武士としての身分を持った者）以上の者のための文武学館である。正澄はここで、文武を学んだ。

爾俸爾禄
民膏民脂
下民易虐
上天難欺
寛延己巳之年春三月

戒石銘

○戒石銘

二本松藩藩校教育を考える際に、見逃せないのが戒石銘である。「戒石銘」は四句一六字よりなる。「武士の俸給は、人民があぶらして働いた賜《たまもの》である。武士は人民に感謝し、労《いた》わらねばならない。人民は虐げ易いけれども、天を欺くことはできない。もし虐げるようなことがあれば、きっと天罰があろうぞ」と解釈されている。

戒石銘は藩士の規範とされ、永く二本松藩政を高揚させた。この戒石銘の精神は、一七四五（延享二）年、幕府や他藩に先駆けて、独自の「赤子《せきし》生育法[5]」を定めるなど、先進的な取り組みとなって生かされている。この教えは、正澄から貫一に受け継がれたことは間違いない。

これら二本松藩の取り組みは、「藩は藩主の私物ではなく、藩民も私物ではない。領民は藩に属するものであり、たまたまそこで遭遇した藩主や藩士の私的税源ではない」という上杉鷹山[6]の「伝国の辞」に通じるものであり、近・現代でも十分通用する考え方である。リンカーンのゲティスバーグでの演説（一八六三年）「人民の、人民による、人民のための政府」よりも前に、民を第一に考えた、現代の民主主義の精神に通じる開明的な藩政が行われていたことは、特筆に値する。

朝河正澄の教え

先にも述べたが正澄は、夜学校で地域の青年たちに近古史談、日本外史、四書五経の素読等を徹底して指導した。その指導法は、素読・会読・輪講であった。

・**素読**：漢学を学ぶにあたって、一番最初にとりかかる学習段階で、声を上げて文字を読み、文章をたどる学習法である。しかし、素読を、意味、内容にかまわず、ただ棒読み・棒暗記の作業と解してはならない。同じ「悪」という字でも「オ」と読むのと「アク」と読むのとでは、意味がまるで違う。

・**会読・輪講**：一定の読書力と理解力が出来上がったところで、生徒が一室に集まって、所定の経典の所定の章句を中心として、自分の意見を発表し、仲間と討論しながら進めていく。解決できないところは先生に先生の意見を聞き、指導を仰ぐやり方である。江戸時代の、素読、輪講、会読といった勉強法は誠に理にかなったやり方である。

4　ウイリアム・J・タッカー博士　米ダートマス大学学長で、朝河のダートマス大学留学、その後のアメリカ生活を物心両面で支えた。朝河の研究活動の良き理解者で、終生恩人として仰いだ。

5　①一三歳以下の子が三人いて、さらに四子目が出生したら、一カ年に米三俵を支給する。②六歳以下の子が二人いて、さらに三子目を出生したら、一カ年に米一俵を支給する。③下男・下女を召し抱えるほどの者には支給しない。④出生改め前に死亡した場合には支給しない。

6　江戸後期の米沢藩主。藩政改革を推進した。節約の励行、行政の刷新、産業の奨励に努め、荒地開墾に尽力した。

二、朝河貫一を育んだ人々

朝河貫一の世界的大業は一朝一夕でなったものではない。従来、「神童」という表現によって、「生まれながらにして、優秀であった」という側面が過大に強調されてきた。実際は、父母を初め、友人、地域の人々が朝河を育んだ部分が大きい。同時に、朝河に重大な影響を与えたのは、福島県尋常中学校時代の恩師との出会いである。その中から五人を取り上げ、朝河が、恩師との学問的、人間的交流を通して、自分の進路を定め、人間的成長を遂げたことについて以下に見ていくことにする。

①蒲生義一

東京から鹿児島県喜入《きいれ》中学、福島県平中学、福島中学校を経て、川俣[7]小学校に赴任した蒲生義一は、ケンブリッジ大学出身の菊池大麓《だいろく》[8]から高等数学を、東京師範学校初代校長、箕作秋坪《みつくりしゅうへい》[9]から英学を学んだ。また、福沢諭吉と並び称された中村正直《まさなお》に直接教えを受けた程の人物であった。『教育時論』第九六号に「川俣高等《ママ》小学校は伊達郡四カ所の中の一つにして、有名な教育熱心、戸長（注・村長）・牧野啓二郎氏は福島中学校より蒲生義一氏を聘《へい》し（注・招いて）来たり、本校並に部内分教室の改良任せられたり。氏は箕作秋坪氏の高弟にして、英文、数理等に長ずるのみならず、世事に老けたる名声家なれば、必ず当地の学事も是れより見るに至らんか。且伊達郡高等小学校中第一に英語を課したるは、川俣校が先鞭なりと云へり」と蒲生を紹介している。蒲生はのちに「川俣英語学会長」として、川俣村（現・川俣町）の英語教育に大きな足跡を残した。その後は、川俣小学校長として、子弟の教育に尽力する。更には、小学校の教師たちに、数理学、物理学、化学等の講習会を定期的に催した。

蒲生義一の英語力は、一八九二（明治二五）年九月三〇日発行『福島縣教育雑誌』第三號の中の、ミルトンの英文詩を和訳した「牽牛花歌《あさがおのうた》」をみてもよくわかる。ミルトンは一七世紀初頭、英国を代表する詩人であり、英国文学史上最大の叙事詩『失楽園』[10]を著して、シェイクスピアに次ぐ英国最高の詩人と評されている。貫一は一四歳の頃から、このような大詩人の英詩を完璧に翻訳する程、英学に秀でていた蒲生の指導を受けたのである。

『最後の「日本人」』[11]には、「彼（注・貫一）が川俣に転校を希望した大きな理由の一つは、その高等小学校に、蒲生義一という東京からきた英語の教師がいたからであった」との記述があるが、これは、明らかに間違いである。朝河貫一が川俣小学校に転校した一八八六（明治一九）年には、蒲生はまだ川俣に赴任していない。

貫一が蒲生の薫陶を受けるのは、明治二〇年になってからというのが真実である。郡山市立金透小学校蔵「朝河貫一自筆履歴書」によると、朝河貫一は、一八八七（明治二〇）年一〇月（注・蒲生は明治二〇年五月から川俣小学校の校長であった）から蒲生義一に師事し、英学を学んだことがわかる。『朝河貫一書簡集』の渡辺弥七宛朝河書簡には、その時期朝河は級友の島貫と共に、蒲生義一の住居に寄宿し、朝は近くの店に豆腐を買いに行くのが日課だったと書かれている。

秀でた英語力の他に、蒲生の学問の深さ、人間性は「敬宇《けいう》文庫及碑[12]、設立、遺稿、伝記、編纂趣意書について疑案」（蒲生義一）から読み取れる

「趣意書によれば、思うに、先生の人となりは、温良で謙虚であり、慈愛に満ち、欲

が少なくあらせられる。学問は漢学、洋学を兼ね、同時に釈迦の教えに通じるものがある。普段は他にこれといって傾倒しているものはない、云々と。

観象子（注・蒲生義一のこと）は言う。『他に傾倒しているものはない』というのは偽りである。偽りは盗人の始まりである。敬宇先生は紛れもなく、キリスト教の熱心な信者である。先生は自著『西国立志編』の序文でも言っておられる。『一人の命は全地球よりも重い云々』と。この言葉は実に多くの人の生命を助けようとする天使の宣言のようなものである。先生がキリスト教徒であるのは、すでにあまねく知られたことである。

よしんば先生がキリスト教信者であろうと、先生の徳を傷つける何があるというのか。先生の徳は立派で明らかなので、太陽や月とその光を争うと評されるとしてもおかしくはない。大きな山はわずかな土をも捨てはしない。黄河や海はどんな小さな水流も受け容れ、深い水をたたえている。先生の度量は果てしなく広く大きいのである。

今や世の中は道義の衰えた乱れた世となり、真理を曲げて、世間や権力者に迎合するような言動をとる者たちが群れをなしている。賢者や、深く物事の道理に通じた人の、後世にまで残るその徳にまで、勝手に手を加え、取捨改削を行い、あの手この手で金銭を取ろうとするのは、何と嘆かわしいことであろう！」

蒲生は、福沢諭吉と並び称される中村正直の指導を受け、我が国の数学の父と言われている、ケンブリッジ大学出の菊地大麓から数学の手ほどきをうける等、当時最高の教育を受けたことがわかる。それで、蒲生は国粋主義や西洋主義一辺倒とは無縁の生き方を終生通すことができたと考えられる。蒲生も義の人であった。中村から直接指導を受けた蒲生は、中村の学問、生き方、人間性に強く惹かれていた。貫一は川俣小学校在学中、冬期間友人と蒲生義一の住居に寄宿している。蒲生は、貫一に英学を教えたのみならず、人の道を教えた。上文によれば、蒲生は不正を憎み、正義を愛し、正論を好む人物像から「人の生き方」に関しても、朝河に影響を与えたと考えられる。

②能勢　栄

江戸出身の能勢は戊辰戦争敗北のあと、横浜のダラス商館に雇われ、自力でアメリカ留学を果たし、最新の教育理論を身につけて帰国した。帰国後、長野で自発性と直感を重視するペスタロッチの教育理論を実践し、長野が全国一の教育県と称される程多大な貢献をした。その後乞われて福島県に赴任し、

一．教育者として有能な人材を広く県内外から集め、

二．福島尋常中学校の校長を専任とする道筋をつけ、師範学校と中学校を完全に分離し、

能勢栄の墓（東京谷中）

蒲生義一の墓（いわき市植田）

中学校の独自性の確立に尽力し、
三．福島や県北地方が全国有数の養蚕業で栄え、外国との交易が盛んになることを予測し、師範学校や中学校に入学できない商人や農民のために「福島英語夜学校」を設立し、英語や簿記、地理、算術等を教えたのは画期的なことであった。

このように能勢は、福島県を全国でも有数の教育県に押し上げる基礎を作った。能勢が尋常中学校の校長時代、貫一は立子山小学校、川俣小学校に在校していたので、直接能勢の指導を受けたわけではないが、能勢の「福島英語夜学校」に触発された川俣村の牧野村長が、能勢の下で尋常中学校に奉職していた蒲生を川俣に招聘した。蒲生は「川俣英語学会」を設立し、やがて貫一は、今も金透小学校に保管されている自筆の履歴書にあるように「蒲生義一に就き英学を修業す」と記すことになるのである。能勢はキリスト教やシェイクスピアまで生徒に教えていたので、能勢、蒲生を経て、貫一も能勢の世界観に触れ、自身の視野を大きく広げていったことは想像に難くない。貫一のアメリカ留学の夢は能勢、蒲生、和田、岡田、ハリファックスを経て結実していくと考えられる。

③和田　豊

和田豊は能勢に招聘《しょうへい》されて、一八八六（明治一九）年に福島中学校に赴任した。彼は先進的な教育実践によって、福島中学校を名実ともに全国でも有数の中学校にした。和田とはいかなる人物であったのか。朝河と共に学んだ教え子の一人であり、後に京都帝国大学総長になった小西重直は次のように和田を描写している。

「校長は和田豊先生、前に述べたように東京高師の大先輩で、威厳もあり親しさもある風貌であった。二三歳で校長心得となり、二四歳で校長となられた。」「校長は修身を担当しておられた。一組二組合併で講堂が教室である。正面には学校の図画の先生の筆になる偉人の大きな肖像画が掲げられている。それは地動説を主張し、哲学を初

和田豊（26歳頃）

め、あらゆる思想界にも一大転向をもたらし、自動自主の民主的傾向を生み出したコペルニクスの肖像である。校長はこのコペルニクスの肖像画の下に立って、修身の授業を始められる。まず出席簿を見て一々《いちいち》生徒の名を呼び、生徒がそれに応じて姿勢を正しく起立し、元気に『ハイ』と返事をすると、少し怖い目つきでその生徒をじっと見詰められる。大坊《たいぼう》（注・小西）は入学の時の関係もあるので却って親しみをさえ感じていたが、多くの茶目達はこの人物鑑定には少々辟易して、修身の話を聞く前に、既に校長から呑まれてしまうのであった。それに二三〜二四歳でもう立派な校長になられたというので、どこの学校に行ってもこんな校長は居られまいと信じ、自分達の中学は実に日本で優秀なものだと誇るようになった。」「和田校長は常に自分を虚しくして立派な先生方を招聘することに務めたと見え、教員室には俊才が網羅されていたので、生徒は『校長はいつでも自分より偉い先生を頼んで来るそうだ』と噂し合っていた。校長を日本第一と信じている生徒達は、校長より偉い先生を迎うる度毎に、学校は一段と光輝を増してきたような心持で、勉強にますます張り合いがあり、青年の意気も盛んなものであった」（小西重直著『感謝の生涯』）。

和田の人物像を『内外教育評論』からも見てみよう。

〈現代語訳〉

「和田は身体が頑丈で、活力が群を抜いていて人をびっくりさせるほどであり、庭球が大好きで、常に前衛を守り、自らを水雷とよんで奇襲攻撃が得意ということで、それを自ら喜んでいる。ふだんの評判と庭球における実際の行動がこんなに極端な人も珍しいのではないだろうか。和田は庭球で奇策を好むのとは反対に、日常の行動は全く整然としている。一つ一つの振る舞いが折り目正しく、きちんとしているところなどは、いわゆる、人の手本となる道学者のようであるが、それでいてさっぱりしていて物事にこだわらないのは氏の偉いところであって、これが大物といわれている理由なのであろうか。氏の講話は雄弁とはほど遠いものであるが、上手である。全く感情的な激しさはないし、すらすら話すわけでもない。言葉の調子を高くしたり低くしたり、また急に変えたりというようなことは勿論ないけれども論理が的確で、言わんとする所は大変明瞭なのである。だから、聴衆は講話の要点が充分に分かって喜ぶのである。これは氏の頭脳が明晰である証拠である。和田は物の道理の理解に優れていると同時に心意気のある人でもある。物事が実現しなければ、実現するまで止めないという気概をもって、すべてに当たるという人なのである」（熊野三郎「御影師範と姫路師範」）。

明治三〇年代に文部省が地方視学官制度を置いたとき、候補者を地方の有力な中等校長から選考することになった。その時、和田校長に白羽の矢が立ったが、和田は教育の現場を捨てることは自分の本意ではないとして、いかなる勧誘も排したという。教育的信念の持ち主であったことがわかる。

和田は教育を、一〇〇年を見通した高遠な精神で実践した。校舎の郡山移転に際し、新校舎建設に尽力し、通学困難な生徒のために、寄宿舎を設けた。詰め込み主義ではなく、生徒の持っている能力を引き出す教育を行った。先を見据え、英国人英語教師ハリファックスを招聘した事によって、貫一はこの恩恵に浴した。

和田校長と福島県尋常中学校を手始めに、通算三二年間にわたり苦楽をともにした岡田が、和田の御影《みかげ》師範（注・現神戸大学）退職にあたり、感謝の辞を述べている。

④岡田五兎

岡田は一八九〇（明治二三）年一〇月、二四歳の時、桑野村（注・現在の福島県郡山市）

に赴任する。「福島県尋常中学校教諭心得ヲ命ス　但月俸四〇円支給ス」という辞令を受けてのことであった。当時の校長、和田豊との出会いが岡田の生涯に重大な意味をもたらす。

岡田は三二年間の教員生活のうち、二七年間、和田の下で教員生活を送った。その最初の出会いが福島県尋常中学校（一八九〇（明治二三）年）で、朝河が中学四年の時であった。頭脳明晰で論理的、心意気のある和田と、何事にも安易に妥協せず、物事に真摯に向き合う、探究心旺盛な岡田は、校長と教諭心得という立場を超えて、人間として理解し合った。特に御影師範時代は和田校長、岡田教頭として相信相和での実行と不言の中で、職員を指導し、職を奉じた職員は等しく満足感に満たされ、歓喜と誇りを抱いたという。岡田は和田が御影師範を去るに当たっての「感謝」という送別の文の中で、「平凡で役に立たない瓦礫のような私が、幸運にも先生に拾い上げられ、人間として一人前のことができなかったにしても自分としてはできる限りのことをして、多少なりとも自己に満足することができたのは、先生に教え導かれ、先生のご人徳に感化されたからに他ならず、それ以外の何でありましょう。ただ、ただ、感謝あるのみです……」と述べている。

岡田五兎（24 歳頃）

朝河は、在学中のみならず、アメリカに渡ってからも、二人から教えを受けた。第一回帰国時も第二回目もそれぞれ二人を訪ね会っている。岡田は歴史、英語の教師として赴任したのであるが、教育者としての独特の人生は、福島の地から始まっている。岡田の教育実践の具体例を、恩賀一男氏の文からみてみることにする。

「岡田先生は、いつも数人の学生を置いて起居を共にし、日夜これらの学生に教えた。これらの学生の中に、後のイェール大学教授の朝河貫一博士と、京都大学総長となった小西重直博士、九州大学教授久保猪之吉博士がいた。岡田先生は当番制を作り、楽しく自炊生活を送っていた。福島の当時の生活は、共同自治を思わすものがあったようだ。副食物としては、馬鈴薯ばかりであったとか。」

岡田は、福島時代、授業の他に、後に大成する朝河や小西、久保と起居を共にするなどの全人教育を行ったのである。

兵庫県学務課長の講評にもの申す

岡田は気魄《きはく》の人である。一九三〇（昭和五）年二月に兵庫県学務課長三国谷氏以下三名

の合同視察があった。授業参観の後で、岡田の授業について三国谷学務課長は、

「岡田先生は修身の授業に教科書を使用しないで、西田博士の『善の研究』を採用されているが、一体その真意はどこにあるのか。師範学校の修身科というものについては、国家がその内容を定めていて、その内容に合った検定教科書を使用することはよくご承知のことと思う。そもそも『善の研究』の中にその必要な教授内容のすべてが包含されているか。ご意見をお聞きしたい。」

と講評している。その途端に岡田は以下のような回答をした。

「本日は学務課長殿初め多くの方々のご視察を仰ぎ、ただ今いろいろとご講評とご指導を預かりました事は感謝に堪えないところであります。さて、お教え下さった事については、私どもはさらによく反省してみなければならないと思うのですが、この際お聞き願いたいことは、このお話によって明日から本校の教育方針を変更せよと仰せられるのでありましょうか。もしそうだとすれば、いささか私どもに意見があるのでありります。さきほども学校長が申された通り、現校長も就任二年にして、最近やっと

本校教育のよさがわかってきたと申されました。教育の事は表面だけでは分かりません。本校の教育は一日にして成ったのではなく、過去数十年間、私どもが悩みに悩んで、今日やっとこれでなければその教育の本質を発揮できないというところに達しているのであります。それで、一日お越し願ってご覧下されてご講評願ったことは、それはそれとしてありがたいことでございますが、それをもってすべて本校の教育方針を変更せよと仰せられるならば、遺憾ながら私どもはそれに従うことはできません。一日や二日では本校の実態をわかっていただくことは無理でございます。本校を真に愛し、真にお考え下さるならば、せめて一週間でも私どもと生活を共にしていただき、その結果によってさらにご指導願いたいと存じます。」

居並ぶ教職員たちは溜飲《りゅういん》を下げ[13]、心中快哉《かいさい》を叫び[14]拍手を送る思いであった、と言う（恩賀一男『岡田先生という人』）。

このように岡田は、いかなる場面にあっても、良心に従い自説を貫く人物であった。

立場のない立場

「岡田先生の言っていることは常に終始一貫し、智識と徳の両方を完全に兼ね備えた人物である。このような人を初めてみた」と福島県尋常中学校時代の教え子に言わしめたのである。岡田は後に「御影聖人」と言われるようになった大教育家であった。どんな権威にも屈しない岡田の真骨頂は、朝河の武士道精神に通じるものがある。

更に恩賀は、岡田の哲学について次のように述べている。

「岡田の考えはすばらしく進歩的だと思うと同時に、他面、とても保守的でもある。講義でも論文でも、その思想が高潮に達してくると、飛び出してくるものはいつも釈迦であり、キリストであり、日蓮であり、ソクラテスである。生活に対しての厳粛な態度、自分に対しての寸毫《すんごう》[15]も許さぬ厳しさというものは、全くカント的である。岡田は哲学大系のために、哲学を立てるような偏狭さはない。一言で言えば、『立場のない立場』である。『主義のない主義』である。

裏返してみると、すべてに対して批判的な立場であったということである。岡田は昭和六年三月二四日の御影師範学校卒業式の後、教頭退任の挨拶のなかで、『私は、元来教育をなすには外部的権力などということはいらないものだと思います。親鸞を見よ。日蓮を見よ。上人らに何の官位があったか、何の外部的称号があったか。キリストは如何。釈迦は如何。（中略）今日、人格と言えば直ちに外的経験が問われ、職業が問われ、地位が問われ、人の精神方面の価値は無視され、個人の力、個人奮闘の力のごときは殆ど顧みられず、（中略）この時にして今日、親鸞出でしめよ。云々』と述べられたと言う。特に、時代思潮というものに対しては、強い批判をやった。岡田の晩年には、日本精神や神道が盛んになったのであるが、これに対して、岡田は鋭く批判と警戒に努めたのである。岡田の批判的態度とは統一的態度であり、発展的態度である。唯心論と唯物論の統一を求め、朱子学と陽明学との何れにも意味を発見していく態度である」（恩賀一男『岡田先生という人』）。

岡田は教育者であると同時に思想家であった。岡田は、時代思潮に対して鋭く批判したが、それは常に統一的態度であり、発展的態度であったという。この姿勢は多くの若者の心を動かした。その一人が朝河貫一である。朝河はアメリカに渡ってからも、岡田と手紙のやりとりをした。

『日本の禍機』が発刊された前年（一九〇八年）に、朝河に宛てて書かれた岡田の返信がある。この手紙には『日本の禍機』の内容に関わるものがある。

「……ところで、わが国が交渉を持つ相手国は、おおむね清国と韓国であります。一等国として他の一等国と常に交渉し、お互いを拓磨し発展させることができないのは、日本にとって大きな損失であります。貴君からの手紙の中に、日本国民は欧米人からひどく憎まれるようになってきていると書いてありますが、このことは、かつて日本国民が憐れみをもって見られていた当時と比べると、国運の発展ということから見た場合、頼もしいことであります。しかしこのような状況の今だからこそ、我々はまさにあらゆる分野で真剣に努力すべきであることは、言うまでもありません。」

朝河が「日本は、今国際社会から批判され憎まれる状況になりつつある」と世界の目で分析したのに対し、岡田は、それに同意見であるとした上で、今我々がしなければならないのは、今の世界情勢を認識し、最大限努力しなければならないと返信している。このやりとりから、朝河は『日本の禍機』編集に当たって、自分の論について、岡田の考えを聞いていたことがわかる。

⑤トーマス・E・ハリファックス

先に、朝河貫一は、東京から来た英語教師の蒲生義一から英学を学んだと言ったが、外国人の生の英語に接し本格的に英語を学び始めるのは、福島県尋常中学校に入学して三年

ハリファックス

朝河桜（安積高校）

目の一八九〇(明治二三)年一六歳の時である。ハリファックスは一八七一(明治四)年、電線技師として来日し東京〜長崎間の電信線架設工事等に従事したが、後に、様々な私塾で英語を教えた。サミュエル・スマイルズの翻訳で知られる中村正直が開いた私塾、同人社でも英語を教えた記録が残っている。一八八九(明治二二)年福島県会は「外国人英語教師招聘」を決議した。当時の和田校長は、県知事の命を受けて、外国人教師の斡旋を文部省に依頼した。こうして、一八九〇年ハリファックスは福島県尋常中学校に赴任した。

ハリファックスは朝河に表現力を身につけさせるために英英辞典を英国から取り寄せ、朝河を指導したと思われる。朝河は福島県尋常中学校に入学し、ハリファックスの授業を受け始めると、英英辞典を使いながら学び、辞書を毎日二ページずつ暗記して食べ、残ったカバーを校内の桜の木の下に埋めたという話は、よく知られたエピソードである。この話は従来語り伝えられてきたが、コンサイス英和辞典を食べたというのは誤りである。一九四九（昭和二四）年「福島民報」での浜田四郎の「朝河君は……英語は在校中群れを抜き、学生用ナッタール・ポケットという和文の訳字がついていない辞書を読みこなしたのだから大したものだ……」という証言がそれを裏付ける。朝河が食べたのは、ハリファックスが買い与えた英英辞典（“Walker's pronouncing dictionary” by Austin Nuttall, Gerge Routledge & Sons.）であった。後に朝河は『ウェブスター国際英英辞典第一・二版』（“Webster's New International Dictionary of the English Language”）の日本語部門の責任者として編纂に加わることになる。

さらに付け加えれば、貫一の幼児期に於ける父・正澄の漢籍の素読の指導が、大いに役立ったと解することができよう。漢籍を学ぶことは、同時に、その背後にある世界を理解することに繋がり、それが明治期のヨーロッパの言語や文物の修得に大いに役立ったのである。能勢、蒲生、和田そして岡田も和学、漢学を学ぶことにより洋学に入っていったのであり、朝河はこれらの恩師から和、漢、洋の学問を教わり、それがやがて世界に雄飛する原動力となった。

なお、朝河は、修学旅行で会津若松に行き、県立に移管したばかりの会津中学校で、英語で祝辞を述べた。また、福島県尋常中学校の卒業式で、答辞を英語で述べたのは前述のとおりだが、その流暢さも英英辞典を全て暗記したのであれば、納得できることである。

ところで、ハリファックスはあまりの高給取り（校長五五円、ハリファックス一二〇円）であったことが禍《わざわい》となり、一八九三（明治二六）年に福島尋常中学校を解雇される。すでに東京専門学校生であった朝河もこの解雇に反対し、福島県会に約七五〇〇字に及ぶ「ハリファックス留任嘆願書」を提出する。内容は多岐にわたっているが、その一部は次の通りである。

「ハリファックス留任嘆願書」

（現代語訳）

「西洋人に接すれば、白色人種のコモンセンスを知ることができる。西洋人の文章に存在する大きな相違点（日本文とは大いに違う）は、この『コモンセンス』を理解すれば不思議なことではない。西洋人の会話、礼儀、習慣が日本人と非常に違うことも、この『コモンセンス』が理解できれば、疑わしいことではない。『コモンセンス』を理解しないからこそ、西洋人に笑われるような比喩を書いたり、洒落《しゃれ》を用いたりするのだ。イントネーション、リズムが違い、発音が見当はずれのものとなり、その結果、会話に失敗し、礼儀についても、誤りを冒してしまうことになるのである。コモンセンスは適当な訳語がなく、『風《ふう》』とでも言おうか。即ち、洋風、西洋人的気風とでも言えばよいか。この『風』でも不完全な訳語であります。日本には日本の、中国には中国のコモンセンスがあるのである。これを知らないと、あたかも雲の陰にある月の美を想像するように、到底その真相を知ることは出来ない。このコモンセンスを知れば、会話に作文に、英語学の学習に便利であるだけでなく、西洋人との交流の際も役に立つのである。又欧州の文明の本当の味わいも無言のうちに悟ることができるという利便もある。日本の『コモンセンス』は日本の社会風土を作り、西洋人の『コモンセンス』は欧州全体および各個人の行為と社会を作る。コモンセンスとはあたかも鏡花水月（注・感知できても言い表すことの出来ない状態）であり、蜻蛉点尾《せいれいてんび》（注・トンボの尾っぽのようにつかまえにくいもの）のようであり、孟子が言う浩然《こうぜん》の気（注・ゆったりしている心境）のようでもあり、その趣、その妙は言おうとしても表現できない。描こうと思っても描けない。思想界の才能あふれんばかりの人に、そのなかなか描き得ないめったにない状態を想像していただくことを願うのみである。つまるところ、筆墨丹青《ひつぼくたんせい》（注・筆と墨で描くこと）で表現出来ない不思議なものなのでございます。いま、日本人教師に師事し西洋人の『コモンセンス』が何かを想像しようとしてみても、それは雲の上の月をつかもうとするよりも、もっと難しいことなのであります。以上のようなわけで、日本人教師は西洋人教師に勝る点はあるとしても、劣る点に比べれば、取るに足らない程であり、西洋人教師が日本人教師に劣る点があるにしても、勝るところに比べれば、比較できない程わずかである。その上、その劣るところも、西洋人によっては、却ってその不利な点を補ってあまりあるのであります。現在の福島県尋常中学のトーマス・エドワード・ハリファックス氏のような人がその例であります。このことは次に述べたいと思います。現在の中学生（注・今の高校生）で西洋人に教わってもさほどの効果がないと言う人たちも、英語の経験をさらに積んだ時、西洋人の代わりの日本人に教わり、英語の本当の味わいや趣を両者比較する時、自分と他校の日本人教師の下で学んでいる学生と比較する時、フランス語、ドイツ語、その他の外国語を学ぼうとする時、本物の学力試験に遭遇した時になって、初めて西洋人のすごさが、わかると思います。効果がすぐに現れないために、その大きな利益を忘れ去ってしまうのは、この上ない痛恨事であります。とりわけ、西洋人の代わりに学士（注・大学卒業者）を雇おうとする間違った考えには、あきれて物も言えないほどであります。」

ハリファックスは貫一にどのような影響を与えたか

朝河はハリファックスの解雇に反対して、県会に「嘆願書」を提出するなど、ハリファクスを慕い、信頼を寄せていた。ハリファックスから受けた影響をまとめると、

○授業を通して、朝河は、英語の正確な講読・作文はもとより、前置詞などの用法、その場に応じたふさわしい語の使い方、会話における英語独特の発音・俗語・略語・礼儀上の語など、生きた英語を学ぶ上で欠かせないものを多く体得した。

○ハリファックスの下での英語学習を通して、朝河は、外国語学習において最も重要なことは、その人種の「コモンセンスを知る」ことであることを学んだ。

ハリファックスの墓（韓国ソウル・ヤンファジン墓地）

○ハリファックスは、イギリスはもとより、インド、米国、朝鮮、中国に住んだことがある。折に触れて生徒達に話して聞かせたであろう彼の外国での体験談は、朝河に世界を身近に感じさせたに違いないし、やがて米国の社会に溶け込む上で、大きな助けとなった。

○朝鮮初の英語学校「同文学」での授業で、

生徒を外国公使館や内務省、外務省の優秀な通訳に育て上げた実績を、福島県尋常中学校の英語の授業でも十分に発揮し、朝河が後年述べているように、「川俣より中学、中学より東京、東京より外国留学、今度は日本より世界へ……」と世界が大きく拡がるきっかけを与えた。

○朝河はハリファックスのけじめある言動から、宗教等個人の信仰・信条等を徒《いたずら》に他人に押しつけるべきでないということも学んだであろう。

○朝河は、福島県尋常中学校入学以前に、蒲生義一に就き英学を学んでいる。その蒲生は中村正直に師事した経歴があり、ハリファックスはその中村と相互に影響し合った仲である。

このようなことから、ハリファックスは、朝河に英語のみならず、英国民主主義の根幹、とりわけ「自主自立の精神」等、哲理的な面においても大きな影響を与えたものと思われる。

7　福島県伊達郡川俣町
8　明治・大正期の数学者。イギリスに留学し数学を学ぶ。我が国に近代数学を紹介した。東大総長、京大総長、文相を歴任。
9　幕末から明治にかけての蘭学者、啓蒙思想家。菊池大麓の父
10　創世記第三章の挿話で、蛇に愛されたイブとアダムが、神の禁を破って「善悪の知識の実」を食べ、最終的にエデンの園を追放されるという物語である。

11　日本の生んだ世界的歴史学者、平和の提唱者、イェール大学キュレーター朝河貫一の生涯とその業績を述べた本。一九八三・九・二六発行。阿部善雄著。

12　中村正直の号。洋学者、教育家

13　胸がすっきりし、気分爽快となる。

14　大声で痛快だと叫ぶ。

15　きわめてわずかでも

おわりに――いま日本、日本人に求められるもの

現代日本が直面している問題

私たちは朝河の次の言葉の中に、五〇年後、一〇〇年後の日本を見据えて、今、日本人が考え、為すべき指針があることに気づかなければならない。
次はウォーナー宛朝河書簡（一部）（一九四六年）の英文和訳である。

日本人は、堅い信念に基づいた行動が問われている

「日本人の道徳的再生において、私が重要と考えることは、第一に、国民精神に深く根ざした不幸な習慣がはびこらないように、抑制に努めることだと思います。私が『抑制』と称したのは、ご存じのように、それは習慣であり、美徳でもあり、禁止し抑圧できるものではないし、すべきでもありません。ただ甘やかすのではなく、正当なものに転じなければならないのです。

目下、現代の日本が必要とするのは、政治的自由に対する強い願望ではありません。なぜなら日本人はすでに一八八〇年代以降、その願いを手にしています。それは、一九二〇年代に、全ての階級においてすでに見られ、そしてその願望は再び、至るところに見られます。日本人は、急いであいまいに推し進められるよりはむしろ、理性と長い訓練によって培われることを必要としているのは明らかです。日本人は、異なった見解を持つ人達の間であまりにもあっさりと、そしてあまりにもしばしば妥協してきました。そして『多数派と共に』ではなく、どんなにいやな意見に対しても、いやな場面が起こりうるのを防ぐためにのみ、日本人はしばしば妥協してきたのです。日本人はこのことの問題点を学ぶべきですが、すぐに学ぶことはできません。もし日本人が偉大な民族になろうとするのであれば、結果に関わりなく、日本政府に対してであれ、マッカーサー元帥に対してであれ、個人的な権利や義務であれ、公的な事柄であれ、固い信念に基づいて主張しなければならないのです。日本人が今までになかった惨禍を招いたのは、日本人の常習となっている妥協や、黙従によるものでした。日本人は一九三〇年代以降、自分達の原則を主張することによりおかす危険よりも、今、非常に悪い状況にあります。」

この手紙は、第二次世界大戦後の一九四六（昭和二一）年に書かれたものだ。朝河は、「日本人が今までになかった惨禍を招いたのは、日本人の常習となっている妥協や黙従によるものだ」と言い切り、「もし日本人が偉大な民族になろうとすれば、結果に関わりなく、国に対してであれ、誰に対してであれ、それが何であれ、自らの堅い信念に基づいて主張しなければならない」と言っている。私たちはこの書において、朝河貫一という人物を通して、世界の中で日本はどうあるべきなのか、日本人はどう生きるべきなのか、そして日本人の長所と短所とを見てきた。父・正澄の、戊辰戦争を生き延びた壮絶な生き方から、時代を超えて学ぶべき点は多々存在し、負けた側が人間的に劣り、生き方の面で遅れをとっていたと言えないこともわかる。勝海舟の言う「気運」がなかったのが、戊辰戦争の大きな敗因かもしれないことも見てきた。五人の恩師はどうであろう。それぞれが、厳しい時代の制約の中で、世におもねず、志を曲げずに持ち続け、主張し、実践していった人生の先達であった。岡田先生が、軍国主義の時代、視学官に教育のあるべき姿を主張する姿勢が、今こそ必要なのだ。

漢字がもつ危険性

「……日本人は、長年にわたって漢字を用いてきましたが、不幸にしてそれは積極的な効果とともに、有害な影響を与えています。漢字は目の前の一文字ごとに意味がある賞賛に値する道具であり、その発音は字形の一部によって示されています。また二、三の漢字の賢い組み合わせによって、他のいかなる表音文字よりも、簡潔で包括的で、含蓄のある思想を表現できます。これらの句によって、あたかも信念を伝えるかのような不思議な力を与えられます。漢字を用いなければ独立した思考が可能なのに、用いることによってそうした思考が犠牲になるのです。いやむしろ、一部の人が漢字によって、判断力を奪われ、特にある漢字を最初に作り、使った人は、漢字を読む人を巻き込む網として、周到な構想の下に漢字を使用するのです。そして、その読み手は、漢字によって納得させられる結果になるのです。漢字の大部分は、形と音の両方の作用により、推論的で、類似的な思考過程によって作られてきました。漢字に長らく依存し蓄積された影響は、言葉を独断的に用い、その作用範囲を制限しないわけにはいかないのです。いつの間にか、人は現実的でない、独断的な考えに囚われてしまっているのです。人の思考力は、余りにも無感覚になり、仰々しくてうつろな言葉と、それらの複合語の束縛から逃れることができなくなるのです。漢字は、当初は人を鼓舞し浮き浮きさせますが、いまや漢字が人を支配し、命令するのです。その他に、漢字は、とりわけ国民の政治的思考の分野で、人を未熟にさせ、その害悪は倍加されるのです。大量の政治的書き物の一頁一頁のほとんどの文章は、中国と日本の長い歴史の中で書かれてきました。……この点に関する二つの国の唯一の違いは、言葉の観念的な内容が、すでに個々の歴史の進展の違いによって、自然に分かれてしまったことなのです。それにも関わらず、書かれた言葉の文化は、両方とも共通であります。

あれこれの理由からして、政治的思考における日本人の能力は、幼稚な段階に留まっています。これはすでに示唆したように、あまりにも妥協しやすい事実とおそらく密接な心理的関係があります。両者には『因果関係あり』とまでは言えないとしても、二つの習慣が相互に深め合う関係は小さなものではありません。普通の人々は、よく考えて批判するどころか、当局に従い、依存して、綺麗に飾られた命令を喜んで実行するのです。知識階級は、自ら作りあげた解釈を増幅することによって忠実に公式命令を支持します。日本では三つの要素、すなわち思考方法、漢字の使用、法令遵守への意思が共存し、かつ互いに結びついています。」

ここで、朝河は漢字の有用性の裏に潜む危険性について述べている。朝河が漢字について述べたものは他にもある。中学校を卒業し東京専門学校に入学した一八九二(明治二五)年に、中学校時代に英語を習ったハリファックスが県の財政難により解雇されるという話を聞き、「留任嘆願書」を県会に提出した。その中で、表意としての「みる」という語を漢字で書き表すと、「見、観、看、視、瞰、相」など一二文字を書き連ねている。そして、それぞれの漢字は、それぞれ意を異にし、それぞれその漢字にしかない意味合いがあるとしている。幼児期から漢語、漢字に慣れ親しんできた朝河がこの嘆願書を書いたのは、一八歳の時である。その言語感覚の鋭さに驚かされる。

それから約五〇年、英語を初めいくつかの言語を習得した朝河には、漢字のもつ落とし穴が見えたのである。漢字はその漢字ならではの意味をもち、大変有用な表現手段である。しかし、ある事象・現象がある漢字で表現されると、その漢字のもつ概念とその事象・現象が強く結びついてしまう。そして、その事象・現象が変化しても、あるいは、最初に使った人が誤用しても、初めに結びついた概念がその事象・現象から離れない。朝河のいう危険性である。

私たちはアルファベットに対して、表意としての漢字の有用性を誇り、朝河の指摘する漢字の危険性については、全く無自覚であったと言わねばならない。例えば「絆」、この漢字は心地よい響きを持ち、「その通りだ」と人を納得させ、容易に反対もしくは疑問をもてない響きがある。

今回の福島原発事故に当てはめれば、「絆」という漢字を見た途端に、脳がこの漢字の概念に縛られ、支配され、それだけで人々は堅く結ばれていると思ってしまう。容易に「いや、そうではない」と言えない感じを人に持たせる響きがある。「想定外」という言葉にしても、その言葉が一人歩きし、「こんな津波は予想できなかった」と信じ込んでしまう。その結果、津波によってではなく「地震で電源喪失した可能性も否定できない」という国会事故調の調査結果をあやふやにさせていく。

そして、それは、原発事故を誘発したものや組織の責任をあいまいにし、問わないことに繋がる。現に、誰一人として、事故の責任を問われていない。今、福島では、「復興」するまで頑張ろう！　「除染」が済んだら戻ろう！　という一大合唱となり、放射能被害の実態はあいまいにされ、「頑張れなかった人」は自己責任でそうなったのであり、やむを得ないものとして、忘れ去られていく。行き場がなく、仮設住宅に閉じこもらざるを得ない高齢者をはじめとする被災者は、個人の責任で何とかしろと放置されているのが現状なのである。私たちは漢字の危険性を改めて考え、その上で使用すべきだというのが、朝河の言わんとすることなのであろう。

今日ほど、我が国の指導者層が劣化し、国民に進むべき道を提示できないでいる不幸な時代はない。日本歴史始まって以来の最大かつ最悪の原発事故の原因究明さえなされず、事故責任もあいまいにされている。福島原発事故は何ら収束していないにも拘わらず、また、将来設計が全く立てられないでいる一〇数万の流浪の民を、先の見通しも示さず放置したまま、現政権は、原発再稼働、海外への原発輸出に大きく動き出している。

福島第一原子力発電所爆発事故により、多くの国民が放射能汚染に対する備えはおろか何の知識もないまま、放射能の雨に曝され、豊かで清浄な大自然が汚染された。今なお被災地の人々は子どもから高齢者まで、否応なくこの現実に向き合わざるを得ない状況にある。そしてその立ち位置は、年齢・職業・社会的立場、地域により異なる放射線量、その他で、まちまちである。福島の地に留まり続けている人、北海道から沖縄、海外にまで避難した人等、現在の居住地もまちまちである。これが問題、課題を複雑にしている。しかし被災者に共通する願いはただ一つ、3・11前の「普通の生活」「当たり前の生業《なりわい》」に戻ることなのだ。福島県では、三つ四つの子供たちが、おやつに手を出し口に運ぶ前に、「ママこれだいじょうぶなの?」と聞き、休日に他県の公園に連れて行ってもらっても、「パパここであそんでもいいの?」と聞く。ある小学生の女の子は、「お母さん、私たち結婚できないの?」「どうして?」「友達が言っていた。」等地元紙が報じている(二〇一一・七)。これが被災地の現実である。日常である。大人も然りである。地震による爪痕《つめあと》は、地域によっては目に見えて修復されてきているところもある。しかし、放射能汚染に関わる様々な問題、原発事故処理、原発政策の長期的展望等どれもこれも霧の中である。除染一つにしても、二年前は政府の示す計画を見て、曲がりなりにも明日が見えたような気がしたが、時間の経過と共にそれらは机上の空論でしかなかったと改めて思い識らされる。霧は深くなるばかりである。いつ晴れるともわからない霧の中で夢は持てない。足場のないところで未来は語れない。この思いを誰にぶつければいいのか。ぶつけたところで解決するのか。第一、自分はぶつける言葉を持っているのか。出口が見えない。福島市在住の高校教師、中村晋氏は、次のような句しか出てこないと自らを嘆く。

陽炎《かげろう》や被曝者失語者たる我ら　（二〇一一・四）
疣蛙《いぼがえる》棄民を拒む面構え　（二〇一一・七）
ひとりひとりフクシマを負い卒業す　（二〇一一・三）

生徒たちの作品も同じだという。

放射能悲鳴のような蝉時雨　（二〇一一・七　高三男子）
空っぽのプールに雑草フクシマは　（二〇一一・八　高二女子）

これが現状である。殊に爆発原発立地地域のそれは厳しい。この状態がこのまま続けばやがて子供たちは、この不条理な「異状」を「普通」と思ってしまわないか。家族はバラバラに暮らし、週一回あるいは月一回どこかで会うもの。自分の家は原発立地地域あるいはその周辺にあるから不自由な生活は止むを得ない、我慢は仕方がない、差別されてもしょうがない。じいちゃん、ばあちゃん、お父さん、お母さんは夢や希望を語らない、自分も夢を持ってはいけないのではないか。幼ければ幼い程、この現実がかかえる影響の大きさは計り知れない。彼らは「普通」を知らないのだ。

こんな罪作りなことはない。被災地の、とりわけ福島県の子供たちは突然現出したこの「異状」の中で様々な「日常」を強いられている。ある者は故郷を追われ、家族と離れ、友達とのよしみを断ち切られて、仮住まいの中で放射能に怯え、将来設計の立てようのない自分に不安を抱き、テレビから流れる都会の華やかさを横目に、「日常」を過ごしている。人間は、過去にも未来にも生きない。生きているのは、この瞬間瞬間であり、「日常」なのである。瞬間の積み重ねが人生であり、個々の人格、人間性、価値観、自己判断等、すべてこの「日常」で形成されるものである。「異状」が「日常」化すれば、それはもはや「異状」ではなく『日常』になる。我々はここに思いを致さなければならない。

二〇一三年NHK大河ドラマ「八重の桜」が放映され、被災地でも大きな反響を呼んだ。

特に会津藩の白虎隊、二本松藩の少年隊の最期の場面は悲惨である。両隊の行動は、哀れみを誘う悲劇として広く伝えられてきた。しかし我々は彼らが命を以て示した行動、ぎりぎりの状況で下した判断が、「異状の中の日常」で培われてきた結果であることを見落としてはならない。そして戊辰戦争から百数十年経った今、新たな事実も見えてきている。戊辰戦争に限らず、語り伝えられてきた歴史は、しばしば、史実の一断面でしかないということは認識しておかなければならない。作家・早乙女貢氏は二本松少年隊が結成されるときの状況を次のように描いている。

「戊辰戦争において会津藩を支援すると決めた二本松藩は、西軍の東征を阻止すべく白河口の戦いに精鋭部隊を派遣する。しかし西軍の攻撃は凄まじく、大半は帰城できなくなっていた。城は残った者で戦うしかなく、少年を隊列に組み入れざるを得なくなった。『一五歳を下限にして集めてみよ』。命令が下った。藩は、今回の出陣に際し、もし少年を隊列に組み入れなければならなくなった場合、年齢は当初一八歳以上としていた。この命令を聞いた六〇歳以上の老人たちは、『先行き長き少年をして兵刃に倒れさしめ、われらひとり世に生くるに忍びんや。隠居無用の身、一死を以って君主に殉ぜん』と口々に叫んで城門を固めた。これを目のあたりにした少年たちは『私たちにも出陣させてください』と要請した。誰もが戦の狂乱の中に巻き込まれている。平常心では考えられないほど死を隣に置いていた。火は人間の精神も狂気と融合させるのである。それは恐怖を忘れさせるような麻薬のようなものだった」(『「会津士魂」二本松少年隊』)。

「歴史の裏面にこそ真実はある」。早乙女氏の言である。戊辰戦争の悲劇の裏にあり、平常心では考えられないほどに駆り立てた狂気とは何か考えておく必要がある。生きるために現実と向き合いつつも「異状を異状とする」判断力、揺るぎない価値観を、生きる根幹に据えておかなければならない。そして今後二度とこのような悲劇を繰り返さないための教訓とすることこそ、失われた多くの命に対する、生きている者の責務であろう。そうしなければならない。

国民も、福島原発事故への関心が一時期ほどではなくなり、どんどん風化する方向にある。私たちは、福島の、いや日本の五〇年後、一〇〇年後を考える時に、朝河の「もし偉大な国民になろうとするならば、結果に関わりなく、日本政府に対してであれ、マッカーサー元帥の命令に対してであれ、堅い信念に基づいて主張しなければならない」という言葉を一人一人かみしめ、考え、行動して行くべきなのである。
朝河のもう一つの文章を取り上げる。それは、科学の持つ恐るべき側面について、朝河が一九四二年ウイルコックス宛書簡の中で述べたものである。

'Science is another monster of Frankenstein that the historic man's hand has joyfully created but his mind has been slow to hold under control. But fortunately science has not yet overmastered us. It is probably still in the infancy; certainly there is time for us to reflect and react...'
（科学は、人類が喜んで造りだしたものであるが、人類の知性はまだそれをコントロール出来ないフランケンシュタインのモンスターである。しかしながら、幸いなことに、科学は人間を圧倒するほどにはなっていない。恐らくそれはまだ緒についたばかりであり、今こそ科学について、よく考え、対処すべき時である……）

今回の原発事故によって、科学は朝河の予想を超え、人間の手に負えない「もう一つの怪物」を造ってしまったと言える。今こそ、朝河の科学観に耳を傾けるべき時であろう。
朝河は、欧米文明の優位性に偏ることなく、日本文明の優劣も明らかにし、世界の中で日本の進むべき道を提起してきた。本書を読まれた一人一人が、原発事故がきっかけとなって露呈した様々な「難題」をしっかりと見つめ、五〇年後、一〇〇年後の子孫に恥じない道を探し出し歩まれんことを念願する。

今日本人一人一人に求められているのは、子孫に恥じない道を歩むことだ。「子孫に恥じない道」とは、良心に恥じない行動をとることであり、いかなる場面であっても決して安易な道を歩まないことであり、己の行動に最後まで責任をとることである。また、「うそをついてはなりませぬ」という日新館の「什《じゅう》の教え」を守ることであり、正澄でいえば、指揮官から「会津兵の道案内」を頼まれたとき「私は地理に不案内なので、その任に相応しくない」と断る命がけの主張である。これが、ネイティブアメリカン・ナホバ族の「地球は子孫からの借り物である」ことへの大人の責務なのだ。

ここで、「はじめに」の国会事故調黒川委員長の「事故は日本製の災害である」にもう一度戻りたい。黒川氏はその根本原因は、「条件反射的な従順さ、権威に疑念をいだくことへのためらい、あらかじめ設定されたことの忠実な実行、集団主義、そして島国根性」であると指摘している。これは、朝河が一貫して主張し続けてきた理念に通ずるものである。朝河の思想には、タッカー博士などに影響された民主主義の理念も根幹にあった。国民一人一人が朝河精神をもって事に当たることから、日本の再生が始まると考える。そして、それが、二度と同じような事故を起こさない道である。

終わりに、朝河の次の言葉を噛《か》みしめたい。

朝河の哲学（武士道）の神髄

「私の先祖はサムライで、祖父も母方の祖父も叔父も一八六八年の戦争（注・戊辰戦争）で亡くなりました。私の父はいつも武士道の厳しい命令の理を教えてくれました。私は、それに、原則に対する忠誠に基づく不屈の名誉心という自覚を付け加えました。これは民主社会の精神と同様に、西洋文明の基礎なのです。私は、民主社会に敏感になったので、米国での長い生活の中で、個人的な行動で一度も妥協したことはありませんでした。私の周囲が皆、屈服した時でさえ、時には頑なに孤立を通したものです。そうでなければ、今、同胞の弱点を指摘する権利を持たないと私は思います。**もし日本が真の民主社会を願うなら、とりわけ、民主主義の政治形態は、市民一人一人が良心に対する危機感を強くし、個人的な責任を果たすことでしか、打ち立てられない。**私はそう堅く信じます」（一九四六年　ウォーナー宛朝河書簡　英文和訳）。

あとがき

哲学者、詩人、随筆家の串田孫一は、第二次世界大戦後の一九四六年、山形県新庄で持たれた講演会で、「つい先頃まで『日本精神』『一億玉砕』と平然と叫んでいた人々が、まるで流行語のように『民主主義』『デモクラシー』と連呼する」とし、日本人の軽薄さを「同じ口が言っている」と批判して、「思い上がった日本人は密かに過去を振り返って、悔やむことさえ好まない。戦争中に取り散らかしてしまったことは、他国人の手を借りなければ始末が出来ない……」と述べたと言う。

戦後七〇年近い今日、同様の事が起こっている。福島第一原発では、ようやく燃料棒の取り出しを始めた段階で、溶融した燃料の所在さえ不明で、事故は何ら収束していない。しかし、「もう、福島原発事故は収束した」かのように、現政権は「原発再稼働」のみならず「原発海外輸出」への道をまっしぐらに進んでいる。未曾有の事故の原因究明がなされず、責任の所在も何ら明らかにされず、誰一人として責任を問われていない状況においてである。地震大国のこの日本で、南海トラフ地震、首都直下型地震の発生確率が非常に高まっている。原発再稼働に賛成もしくは黙認する人たちは、もう一度事故が起こればこの国はどうなってしまうのかに思いが及ばず、思考が停止し想像力が欠如している、と言われても仕方があるまい。

真の日本再生の道は、一〇〇年以上前に警告した朝河貫一の言葉をかみしめ、黒川委員長が指摘した日本人の欠陥を一つ一つ克服していく過程で見いだすことが出来ると信ずる。具体的には、戊辰戦争の最中、二本松藩総督丹羽丹波《にわたんば》から会津兵の道案内をするように命じられた時、「地理不案内」を理由に「私はその任に相応しくない」と毅然として断った正澄の生き方の中に、また、朝河の尋常中学校時代の恩師・岡田五兎が、教科書を使わずに西田幾多郎博士の『善の研究』によって授業を行ったことに対する当時の学務課長の批判に対し、「真に本校を愛するが故に本校の教育方針を変更せよ、と仰せられるのであれば、本校の実態をわかっていただけるために、一週間生活を共にしていただきたい」と述べる、何ものも恐れぬ信念の中に見いだすことができる。

日本人一人一人が良心の砦を築き、自分の役割を認識し、責任を果たしていくことが何にもまして肝要である。本書が一人でも多くの人たちに読まれ、日本の真の復興を考える縁《よすが》となれば幸いである。

本書出版のきっかけとなった「国会事故調報告書」の中で、朝河貫一を引き合いに出された黒川清委員長の慧眼に感服し、敬意を表したい。また、福島県内で真っ先に黒川委員長を二本松市に招き、浪江町からの避難者を含めた市民を対象に「特別講演会」を開催された前二本松市長・三保恵一氏の先見性に心から評価・賛同し、併せて本書出版へのご協力に感謝したい。

最後に、朝河顕彰の先達故柳沼八郎氏が果たせなかった、生母・ウタの出自の解明にご尽力下さった、長野県佐久市臼田の関係者、貫一の伯父・宗形匡曹の子孫である大室氏、異父姉キミの子孫・森氏、そして継母エイの子孫・関根氏、本書出版を快くお引き受け下さった花伝社平田勝社長、担当スタッフの山口侑紀さんに感謝の意を表したい。

著者代表　武田　徹

参考文献

矢吹晋『朝河貫一とその時代』（花伝社、二〇〇七年）
矢吹晋『日本の発見――朝河貫一と歴史学』（花伝社、二〇〇八年）
東京電力福島原子力発電所事故調査委員会『国会事故調査報告書』（徳間書店、二〇一二年）
増井由紀美『朝河貫一：自覚ある「国際人」　明治末から大正にかけてイェール大学に見る日本人研究者事情』（敬愛大学国際研究第一八号、二〇〇六年一二月）
井上清『日本の歴史（下）』（岩波新書、一九六六年）
市民タイムス編『臼井吉見の「安曇野」を歩く（上・中・下）』（郷土出版社、二〇〇五年）
平島郡三郎『二本松寺院物語』（歴史図書社、一九七五年）
二本松市編『二本松市史　五　近世Ⅱ　資料編３』（二本松市、一九七九年）
岩代町編『岩代町史　三　資料編』（岩代町、一九八三年）
平島郡三郎、漆間瑞雄『二本松城沿革誌』（一九八八年）
保田晴男編『林鶴梁日記　三巻』（日本評論社、二〇〇三年）

福島県総務部文書広報課編『福島百年の先覚者』（福島県、一九六九年）
尾藤正英『日本封建思想史研究　幕藩体制の原理と朱子学的思惟』（青木書店、一九六一年）
安冨歩編訳『超訳論語』（ディスカヴァー・トゥエンティワン、二〇一二年）
宮崎学『「自己啓発病」社会』（祥伝社新書、二〇一二年）
『書物展望　第二巻第八号』（書物展望社、一九三二年）
二本松藩史刊行会『二本松藩史』（臨川書店、一九九二年）
福島県立図書館所蔵『朝河貫一資料』
阿部善雄『最後の「日本人」――朝河貫一の生涯』（岩波書店、一九八三年）
清水美和『「驕る日本」と闘った男――日露講和条約の舞台裏と朝河貫一』（講談社、二〇〇五年）
山内晴子『朝河貫一論――その学問形成と実践』（早稲田大学出版部、二〇〇九年）
朝河貫一『日本の禍機』（講談社学術文庫、一九八七年）
武田徹他『「ふくしま」が育んだ朝河貫一シリーズ①　T・E・ハリファックス』（朝河貫一博士顕彰協会、二〇〇九年）
武田徹他『「ふくしま」が育んだ朝河貫一シリーズ②　朝河貫一と四人の恩師』（朝河貫一博士顕彰協会、二〇一〇年）
武田徹他『安積中学英語教師ハリファックス留任嘆願書』（朝河貫一博士顕彰協会、二〇〇六年）
恩賀一雄『岡田先生という人』（のじぎく文庫、一九六〇年）

安積高等学校百年史編纂委員会編『安中安高百年史』（福島県立安積高等学校創立百周年記念事業実行委員会、一九八四年）
朝河貫一著、矢吹晋編訳『比較封建制論集』（柏書房、二〇〇七年）
高橋富雄『東北学論集　第一二集　武士道の歴史　第三巻』（歴史春秋社、二〇一四年）
東京電力福島原子力発電所事故調査委員会『国会事故調　報告書』（徳間書店、二〇一二年）
朝河貫一書簡編集委員会『朝河貫一書簡集』（早稲田大学出版部、一九九〇年）
糠澤章雄著『シリーズ藩物語　二本松藩』（現代書館、二〇一〇年）
Manuscripts and Archives Number 40, Kan'ichi Asakawa Papers by William E. Brown, Jr., New Haven, Connecticut, June 1984.

（写真提供）
福島県立図書館
安積歴史博文館
関根糸介子氏

文献篇

A. 帰郷雑感（朝河貫一　福島公会堂に於ける講演　一九〇六年）【全文口語訳】

この講演は、朝河が三三歳の時になされた。話は日本の住生活、食生活、英語、文化、世界文明の中の日本文明の位置付け等多岐にわたっているが、核心は、これまでの「日本人に欠けている点」である。
一〇〇年前、朝河が故郷の人々に説いた、「生活の独立」「他人を重んじる心」「国家観念の認識の程度」「良心に対する責任」等は、二一世紀に生きる我々に、改めて国の有り様、国民一人一人が果たさなければならない責任等について問いかけている。

一

先程のお方がどういう紹介をして下さいましたか、私は聞いておりませんでしたから判りませんが、こういう集会があろうとは思いもかけませんでしたので、郡山で話したのと同じ事をお話しようと思います。強いて題を付ければ「帰郷雑感」とでも申しましょうか。私は二月一六日に横浜に着きましたので、それから三週間ばかり日本を見ました。その有様について語ろうと思うのであります。そのうちの一週間は特別の経験がありました。それは、船中でフランス人と一緒になったのですが、その人は日本で言うと、高等中学校位の学校を卒業してカナダへ来て、色々な事をした人で、数百町歩の田畑を持っている百姓（農夫）なのです。尤《もっと》も、ドイツに二年、英国に一年おり、米国にも行ったこともあるなど、欧米諸国を漫遊した人なのです。また、学問もある農夫なのです。その人が日本に来て、一週間ばかり処々方々《しょしょほうぼう》を連れて歩いて案内してくれと言うので、日本語も知らず、日本をよく知らないこの人の眼《まなこ》に日本がどう写るのか見たいと思いまして、快諾して東京、宇都宮、日光等を案内しました。初めて日本を見たフランス人に、日本がどう映ったのでしょうか。私がフランス人の口を借りて言ってみましょう。彼はその髪の毛を綺麗に分けたように、サッパリと言ってくれました。

その人は、横浜から日光へ来ました。その後また、横浜に戻り、それからサイゴンへ向かいましたが、初めて日本に来て、日本にいる間はまるで夢のようだと申しました。それは、周囲の有様が皆、目新しくて、一つの夢を見ては、次の夢に入っていくような心地がしたのです。日本の物事がすべて細かくてこぢんまりしているのが、彼の脳をいたく刺激したのだと思います。横浜から来る途中、日本の家屋を見ると、蜂の巣のように見える。汽車に乗って身体を横たえて眠れば、向こうの端からこっちの端まで身体が届くように思われる。車で日光に行く途中では、手を延ばすと向かいの家に届く。電車に乗れば、背の大きなアイルランド人が切符を切るのではなく、背の小さい日本人が一々頭を下げながら切っている。上野に新築された日本最大の図書館でも、この程度のものであろうか。タバコを吸うにも、二、三服吸えばお終いとなり、又、つめ替える。酒を飲むのを見ると、小さな物で飲む。まるで「耳かき」位の物である。日本はすべて細かい。まるで箱庭のようである。併《しか》し、それがサッパリと、キレイで汚れがないと言っていました。それもその筈、西洋では、ジュウタンの上へ外を歩いたままの靴で上がるから、綺麗にもできない。又、その必要もない。日本のようにガタガタする硝子《がらす》ではなく、一枚硝子で部屋を閉ざしているから、空気の流れも悪い。日本に来て見ると、壁が割合に少なく、障子が多い。だから、こぢんまりして、あっさりして、心地よく、衛生にも叶っているのだ。唯良くないのは、田舎はどこでも仕方がないが、町の中の道路が悪いのと、下水の悪いことだ、と。これを除けば、すべて、サッパリとしている。それで、ついホテルなどには行かずに、日本の食べ物をいつも食べたいというので、私はすべて日本のものでもてなしました。下駄だけは履きませんでしたが、布団でも食事でもすべて日本風にしました。

二

日本の食べ物が西洋人の口に合わないと言われていますが、フランス人が日本食を食べたことで、全くそうではないということがわかりました。日本の食べ物は胃の弱い人に最も適していま す。私は向こう（注・アメリカ）では学生でありますから、消化不良気味でありまして、日本に来てどうなるかと思いましたが、かえって消化がよく、フランス人も舌鼓《したつづみ》を打って食べました。そしておまけに、消化が良く、又、サッパリしてよいと言いました。西洋では肉類を多く食べますから、自ずと消化不良になります。肉類も良いが、必要な量よりも多くとりすぎます。従って、消化が悪い。西洋人は生まれた時から食べているはずなのに、未だに食べ物に慣れていません。ある博士は数百人の学生と共に、食べ物の研究実験をして大著をものにしましたが、肉を食べ過ぎると言っておりました。また、読書をする人には、肉を三分の一位にしてもよい。軍人には、日本の食べ物が最も適していると言っております。その証拠には、私がたまたま帰国して、朝から晩まで宴会等がありまして、食べ通しであっても、それほど胃の調子は悪くなりません。これは消化がよいためで、向こうの食べ物ではたまったものではありません。しかし、日本食も低品質の乾葉《ほしば》位ではいけません。中等以上の料理ならばよいのです。日本人は、また、間食の習慣があり、どうも困るという人がおりますが、そのとおりです。間食はしない方がいいです。西洋人などは間食はしませんが、日本人はしなければならないようです。そうではあるが、その害は少ないので、幸いです。西洋の食べ物ではたまったものではありません。これをみても、日本の食べ物は消化がよいことがわかるでしょう。それから朝食の前にお茶を一杯飲むのはよいことです。胃の丈夫な人は、冷水を一杯飲む。胃の丈夫でない人にとって、微温湯《ぬるまゆ》かお茶を一杯飲むのは、胃の準備をする上でいいのです。それから、ご飯を食べてからタクワン漬けで一杯やるのもいい事かも知れません。そういったたぐいのことは、他にもいろいろあるだろうと思います。それから、米について申しますと、有名な植物学者の説を聞きましたが、「米は滋養はあるが、消化が悪い」と言っておりました。これは、炊き方を知らないからで、日本人の炊き方のように上手にやれば、消化はよいのであります。これらの事は、日本の「誇り」とすべき事だと思います。なまじっか西洋の物だからといって過剰に取り入れて、西洋の真似をする事はよくないということがおわかりでしょう。フランス人は「日本の文明は千数百年間の経験でできたなかなか意味のある文明だ」と申しておりました。要するに、フランス人の目には、日本はどう映ったのでしょうか。日本人はすべて、物を利用することに進歩し発達している。米国は歴史が浅く、富の程度が高いために、無駄遣いをする傾向があります。日本はこれに反して、一つのものを様々に利用しております。例えば、草鞋《わらじ》、下駄のようなものはみなそうで、下駄のようなものは、値打ちのない材料でできているが、日本人には最も適した物であって、草鞋も同様です。その原料の藁《わら》は、その他にも利用され、筵《むしろ》にも、俵《たわら》にもなり、馬に食わせる餌にもなると言った次第です。膳を目の前にしたフランス人に、私はひとつひとつ説明しました。皿、碗《わん》、茶碗その他、様々な物は、その元をたどれば、二つか三つの原料から出来ております。例えば、豆のような物は、味噌となり、醤油となり、豆の一種である小豆は羊羹《ようかん》にまでなっており、その他、米国では何にも利用しない海苔《のり》が利用され、魚もなかなか変わった利用のされ方となっている。塩引きとなったり、蒲鉾《かまぼこ》となったりしているではありませんか。このように何でもかんでも利用されているのは、外国から来た人には目に付くところで、これは人口が多いのと、豊かでないこととが、その原因であるわけです。それが意味のないことのようで、しかし実はそうではないのです。その理由を話しましょう。

三

（欠落）

四

英語のことについて言いますと、日本人学生の話を申さなければなりません。日本の学生は、日本語の中に英語を入れて話しています。もっとも、日本語で言えない事で、英語で言った方が明瞭な場合はいいのですが、日本語で間に合うところに英語を入れて、かえって不明瞭にしています。要するに、日本の文明は長所もありますが、先に述べたような短所もあります。日本の文明は、幾千万の日本人が、千数百年かけて創りだした文明であって、中々味わいのある文明なのです。私も、色々と文明ということについて、時間をかけて研究してみましたが、その味わいある文明を捨てて、西洋文明を過剰に取り入れるということは、非常につまらないことであって、この為に、世界の文明の中の日本の文明の位置づけということが無駄なものになってくるのです。たとえ、現在の日本の文明が混乱したものであっても、そのままで進歩していけば、将来は大きく調和の取れたものになります。古くは大化の時代から仏教などという異文化を受け容れても調和する。調和するまでは、みっともないことがあるでしょうが、日本にとって為になることを受け容れたらよいだろうと思います。しかし、為にならないことを受け容れるのは日本のためにならないと思います。この事はフランス人も私も一致した点なのです。フランス人の目に映った日本についての批評は、以上のようなもので、このフランス人とは宇都宮で別れました。私はこの先の旅の便宜のための依頼書を日本語で書いて、行く先々の駅へ頼んでやりました。フランス人はサイゴンへ向かって行ったのです。

別れてから私は、考えたことがあります。それは、日本人の劣った点であります。つまり、私を刺激した三つの点があるのです。これは西洋の長所として挙げたいというわけではありません。また、そのような劣った点が西洋にないと言うのでもありませんが、少なくとも西洋には少ないし、米国にも少ない、その三点だけを取り上げて述べたいと思います。

第一は、皆さんに独立という考えが足りないということです。独立と言っても、思想の独立ではありません。生活の独立であります。米国には旧教も少なくないのですが、新教国です。一六世紀にプロテスタントが起こりました。その宗教改革のため、独立心が芽生えました。殊に、旧教国に対するときには、この独立心は強いのです。しかも、人は男も女も、一人前と認められる年齢になれば、必ず独り立ちしなければならないのです。財産の有る無しにかかわらず皆これを実行しております。実行しない者は、身体の弱い者か、分別のない者ばかりで、その他は、みな実行しております。しかも、これは財産の分配によるものではありません。長男は三〇歳、二男は二五歳で独立しております。三男が一八歳でまだ独立していないので親は金を出すのです。財産を幾分かずつ分けるのとは別問題で、成年以上になれば、一生独立するという考えを持つということなのです。米国人にこの考えが強いことは、想像以上なのです。親のすねをかじるなどというのは、言うのも恥ずかしいことで、そのようなことは全くないのです。また、親も老年になってから、息子の世話になるなどという考えもなく、また、息子の方では世話もしません。お互いに独立しているのです。この生活上の独立と言うことは、立派なことで、また、文明進歩の一大要因であり、これが文明の最低ラインですから、これから下に落ちる事がないようにしなければなりません。国全体がこのようであれば、国に活力が出るので、学校などでも、兵役や税金の事よりも、この独立のことを教えてもらいたいと思います。

五

しかしこの独立という考えは、悪くすると人を斃《たお》してでもと言うことにもなります。だから、独立一辺倒ではいけません。その他に、何か一つなければなりません。それは、「他人を重んじる心」であります。それが第二の点であります。自分も人であります。他人も人であります。だから、互いに重んじ合うことが必要であります。日本人はやたら人をさげすんで困ります。そのことは、言葉でもわかります。東京で演説を聞いた時に、「あの人はどなたですか」とその演説者について聞くと、「あれは岩谷漣《いわやれん》です」と言って、色々なことを言っておりました。証拠も何もないのに人を悪く言う。人の斃《たお》れるのを喜ぶ考えがあるのは悪いことです。誰でも心の奥には、人を蔑《さげす》む考えがあるものですが、日本人はとりわけひどい。その結果として、日本人ぐらい人身攻撃をすることの多い国民はないでしょう。その証拠に、日本の新聞は人身攻撃をする、また、しなければ売れないそうです（はて、ここには新聞記者はおりますまいが）。新聞は社会の反映ですから、新聞に人身攻撃の多いのは、社会がそのようだということを表したもので、これらはどうも困ったことです。何とか私たちはお互いに助け合って、人の長所はどこまでも伸ばしたいものです。もともとが、あまり豊でない国ですから仕方ありませんが、いがみ合いをなくして、お互いに「寛大」であることは国の為になると思います。

それから、もう一つの問題は、第三の「国家観念の認識の程度」です。試しに学校を参観してご覧なさい。唯いるだけではわかりませんが、日本ぐらい愛国心の強い国はありません。これが日本では普通であるとしか思えないのです。その上日本人は、子どもの時から学校で教えられていますから、国を思う観念が益々強くなります。これが日本の勝れているところであり、実は宝であります。しかし、この愛国心はどこまでも汚れないようにしなければなりません。少しでも偽善になってはいけません。キレイにしておかなければなりません。これが穢《けが》れたら大変です。例えば、二〜三〇〇年も後に、この穢れた愛国心に賛成しないと言う国民が出てきたとしたら、どうでしょうか。もし出てきたとしたら、このことが国の滅亡に繋がっていくのではないでしょうか。

一般の人についてはわかりませんが、大臣とか代議士、ないしは委員長位になって、一国の政治が自分の手で少しでも自由になる位置に立ったら、その位置からみる国家は、どんなものでしょうか。国の政治のためには、偽り、嘘を言い、弱い者をいじめるという必要性を感じることがあるでしょう。つまり、国をみる視点が高くなれば、国の政治を動かす際の危険な点も見えるようになり、かえって真面目になるかも知れません。時には太く、短くというような考えで、政治を行うような事も無いとは限らなくなります。そんな考えを起こして政治をすることは、米国などにも度々あります。それは何のためでありましょう。これは言うまでもなく、政治には「責任」が伴う事を無視するからなのであります。「責任」が伴うという考えを持っておりますと、こんなことは無いはずであります。もっとも、人によって、この責任という考えの基準となるものは違うでしょう。米国などでは、宗教の「神」に対する責任を重んじますが、日本ではそれではなく、神に対するものと言うと語弊《ごへい》がありますから、「天に対する責任」と言うことにいたしましょう。

六

第四の、この「天に対する責任」と言うことが、日本人の念頭にはあまりないのです。もし、この責任と言う事が含まれていない愛国心だとしたら、時には大変危険なことになります。だから、愛国心とこの天に対する責任とを結合して、どこまでも清らかにしていかなければなりません。ことに、世の中が益々進歩してくると、この「天に対する責任」というものが重要になります。もっとも、文明と進歩とは同一であるのか、あるいは真の文明とはどのようなものであるのか、これは大問題で、一朝一夕《いっちょういっせき》に解決することは出来ません。しかし、一つ道徳的方面から見ますと、文明が進むにつれて、善悪が一層分かりにくくなります。これに加えて世の中の事柄が一層複雑になるから、単純な善悪のみでは判断できないことがますます多くなります。それから、また、一方では複雑になって、善悪の判断がつかなくなるだけでなく、複雑になればなるほど、その善悪の判断に基づいた行為の結果が大きく、その影響が広くなります。封建時代の日本であれば、一国の政治でもその影響が四、五万の人間への影響ですみましたが、今は数千万人に影響し、その大きさは全国規模になります。いや、世界規模であります。このように正邪を判断することが出来ず、なおかつ、その影響が一層大きく、その上に、種々多様な誘惑が来るとしたら、何を根拠によって「正」を判断できましょうか。もっぱら学問上の智識ばかりでは、この判断を下すことはできません。ここで、責任を重んじると言う事が必要になってきます。すなわち、周囲にどのような誘惑があっても、その周囲の事情に左右されずに、自分の学問から得た智識と責任に対する覚悟をもって、実行しなければなりません。天に対する責任と申しますと、少し語弊がありましたら、良心に対する責任と申してもいいのです。もっとも、良心は変動しやすいものですが、ここでも肝心な点は多少明らかにすることはできるでしょう。

茲《ここ》に一例を挙げますと、日本の小さな世界では、政治上でも大したことは起きないでしょうが、米国の政治の世界などでは、随分複雑なことが起きます。ある州の鉄道会社の社長に買収された州の知事などは、自分で正義を唱えていて、買収されたことを自分では少しも自覚せずにいたような事もあります。それに対して日本の人々は邪（不正）が大きくなるにつれて、反動として正が増えてきて、必ず邪がつぶれると申しておりますが、それでは遅いのです。邪の勢力に逆らう自然の力ぐらいでは、間に合いません。米国人は幼少から学校や教会、集会等で常に神に対する責任という考えを教えられております。それでうっかりしていたとしても、神に対する責任が根となって大木が顕《あらわ》れてきます。これは、子どもの時から慣れているおかげなのです。ですから、天に対する責任や、天に向かって自分は決して恥じないという心がけは小学校時代から養成していかなければなりません。単に、自然に出てくる、邪に対する反抗心ばかりをあてにしないで、教師がこれを養成して行きたいものであり、目下教師をしている人、将来なろうとしている人は、共に、この心がけが欲しいのです。以上述べたのは、日本人の短所であります。日本には、私が始終《しじゅう》言い広めてきた大和魂という美徳もありますが、この天に対する考えが足りないのは、日本の欠点なのです。それで、まだ、微力な「書生」の身分でありますが、一言申し上げた次第です(完)(三月五日に福島公会堂で行われた講演　明治三九年三月七日〜一二日　福島民報に掲載)。

B.「米国の大学に留学を志す日本学生諸君に告ぐ」(朝河貫一　一九〇八年)抜粋

朝河がアメリカに渡って一〇数年、次第次第に留学生が増えてきた。しかし、近年、「それ相当の学問と学資とを備えていない」留学生が多くなっている。勉学しながら金を稼ぐことができるほど、アメリカ社会は甘くない。又、アメリカの大学は、出席以前に教場外で準備して行く分量は容易なものではなく、授業は、教場で問答することで授業となる。一言で言って「日本人は米国の学問社会を侮っている」。これがアメリカの大学の教壇に立っている朝河の忠告である。学問を志す者は「安易な道を捨てて困難な道を選ぶ精神を持て！」という朝河の言葉は、単に当時の留学生のみならず、現代に生きる私たち一人一人へのメッセージとして受け止めなければならない。

〈夢にも僥倖を冀《こいねが》うこと勿れ〉

（決して思いがけない幸福を望んではならない）

この他多少精神の注意とでも言うべき方面に関して、言っておかなければならないことも他に少なくありませんが、失礼ながら、左の諸点が最も大切であり、又これらの点が日本人の最も誤り易いところと信じますので、簡単に数点の苦言を並べます。

一攫千金や思いがけない幸福を望んではならない。故新島襄氏がハーディー氏の恩を受けたことなどを以て自分の希望とし、「無理にでも出ていけば誰か善人に遇うであろう」などと考えるのは、今では日本の恥となります。当人が返済できない恩は、皆日本の独立を縛る縄であります。如何なる高尚な理想があっても、又如何に熱烈に日本を愛し人類を愛しても、又如何に立派な宗教の名があっても、一点の依頼心があっては堅固な事業を成し遂げることは出来ず、たとえ成功したとしても、自身が先ず自立していない成功は価値がありません。私が読者に望むところはこの独立の一念であります。学問についても亦同様であります。もし真に日本を愛するならば、米国大学で日本人だけを寛大に受け入れてくれるのを喜ぶようではいけません。

他国人と同等に取り扱われるに至ったのは、即ち昔のような子ども扱いをされなくなったということでありますので、却って喜ぶべきことと思います。この上はあくまでも正当対等の競争に努めなければなりません。

〈**易を捨てて難に就くの精神あれ**〉

（安易な道を捨てて困難な道を選ぶの精神を持て）

右の新傾向はエールやコロンビアなど少数の重要諸大学に現われ出したばかりで、程度の低い諸大学では今猶日本人を寛待（即ち劣等者の取り扱い）するところが多くありましょう。日本男子は、どうぞ安易な道を捨てて困難な道を選ばれることを願う。

一旦難しい大学に入って正規に着実堅固に研究を行なえば、同じ方面で学んでいる他の多くの学生とお互い接し研究をしますから、その間に健全な競争刺激ができます。これに反して規則に外れた突飛な勉学には、自分は如何に高くとまっても、一緒に学ぶ者も少なく、競争がありません、刺激も足りません。このような勉学は単に不利なばかりでなく、又何となく卑怯の感が起りましょう。米国では大学の学生のみならず教授に至るまで、労力の競争が実に目覚ましいもので、一寸でも油断すれば忽《たちま》ち後進の人に乗り越されます。米国に留学する人は、仮にも卑怯な方法を取らず、一つ手に唾して（気合いをいれて）この華々しい競争の中に身を投じ、大和民族というのは果たしてどれ程の値打ちがあるのか自ら試したら爽快ではありませんか。正々堂々と人を叩き、人にも叩かれねば、男子として生まれた甲斐もありません。

〈日本学生は何故欧米人に劣るか〉

右に述べた独立ということの他に、猶一つ申し述べておきたいことがあります。それは恐らくは最も大切で最も解し難いことであります。と申しますのは、日本学生が（理科工科などの外では）概して研究の力が弱く、評論の気が勝っていることであります。このことが日本学生の進歩が欧米人と比べて、一時は表面上早いようでも、実は土台が軽く、且つたちまち進歩が遅くなってしまう一大原因と存じます。この根本の病患が日本の学界を悩ませ益のないものにし、米国留学生の為に大きな患いとなっている有様は明らかであり否定の仕様がありません。この点については今はこの一言だけ申しておきますが、心ある人はこの一言を充分読み味わい考えて深く決心されるならば、米国に留学して得る所も亦そうでない人と比較して幾倍でありましょう。そのことで日本を利することは諸々比較して更に多かろうと信じます。

猶この最後に申した点については、昨年一〇月の「早稲田学報」に一言しておきましたので参考にされますことを望みます。

C.「朝河正澄手記」(記載期日不明一八七六年? 解読・現代語訳、共に本書著者及び安西金造　抜粋)

宗形幸八郎昌武(後の朝河正澄)は、一二歳から二四歳まで江戸で過ごした。昌武は、そこで漢学、儒学、国学、剣術、柔術、砲術、水練、乗馬等、文武一般を一流の師の下で学んだ文武両道に秀でた武士である。戊辰戦争勃発により二本松に呼び戻された昌武は、圧倒的に劣勢であった戦況の中で、沈着冷静に情報収集に努め、的確な状況判断で乗り切り生き延びる。この手記では、刻々と変わる戦況、緊迫した場面、壮絶な命の終焉など生々しく記録されているが、一方父との偶然の再会を戦場において待ち望む人間の内面、逃げ惑う婦女子の現実、新しい命(甥)の誕生など、「人間」も描かれている。朝河に受けつがれている「武士道精神」を知る上で、朝河の父『正澄手記』を収録する。

五月一日本隊と共に須賀川に入り、陣を敷いて一〇日余りで、棚倉城下に進軍する。ここに陣を敷き、数日留まり、移動して田島入形に入る。そこは、白河城を隔てること一里である。その後白河を四方から数度総攻撃するが、各藩の号令がまちまちで、足並みが揃わない。ついに目的を達することができず、むなしく月日が過ぎてしまった。その間に敵軍は本道、濱街道から続々と応援の兵が到着して進軍し、岩城平と棚倉の二城を陥れ、三春を降し、二本松に迫る。

そういうわけで、我々の諸軍は、白河の囲みを解いて、須賀川に退いてしまった。相馬も降り、二本松が孤立していることを聞き、我が諸隊は、皆二本松国境に向け急ぎ行く。時に七月二五日、午後五時であった。この時私は他の任務があり、その場にいた。翌二六日になって、会津藩大隊長辰野源左ヱ門は、小櫃弥一、黒小路友次郎、諏訪左内、赤羽寅五郎、今泉傳之助、諏訪豊四郎を小隊長とする六小隊三〇〇人を率い、二本松藩を応援しようとして私にその案内役を要請してきた。私は総督丹羽丹波の命を受け、同日午後五時に六小隊と共に進軍した。安積郡安古ケ島（注・福島県郡山市）で夜が明け、安達郡深堀村に着いて昼飯を食べて、午後八時頃二本松に入った。これは当初須賀川で、会津兵の案内を総督丹羽丹波がじきじきに私に命じたものである。その時、総督丹羽丹波が言われるには、「本宮《もとみや》はすでに敵軍に占領されたとの報がある。従って、本道を避け久保田村より、山道を通って二本松に入れ」。私はその任に相応しくない旨を告げ断ったところ、傍らにおられた軍事奉行植木次郎右ヱ門が「貴殿は敵を恐れて断るのか」と言う。私は「小生はたとえ、身分が低く力も劣っているとしても、国家存亡の秋《とき》に、どうしてこの身を惜しむことがありましょうか。幾十の我が身を捨てようとも、主家への何代にもわたるご厚恩には報いるには足りません。ただ単に、勝敗を天に任せて本道を突き進み二本松に入れと言うのであれば、謹んで命を捧げます。ただし、山道を案内することは小生には出来かねることです。何故ならば、軍を案内する者は、山、川、道路、小道に至るまですべて地理上あらゆることに精通していなければなりません。それなのに、小生は幼少の時に江戸に行き、本年四月帰国してまもなくして戦地に臨んでおります。それ故に、領内の事情にさえ暗いのです。どうして領外の事情を知っておりましょうか。これが辞退する所以です。その上、他藩の願いに応え、只一名の案内役を私のような者がやるとしたら、総督の眼識に傷がつきはしないかと」と言う。総督丹羽丹波が、又、言われる。「貴殿の趣旨、きわめて道理に合っている――」

しばらくして、会津藩の隊長辰野が諏訪豊四と共に、私を訪ねてきた。会ってみると、その声、顔色が尋常でない。辰野隊長が言うには、「貴藩（二本松藩）は敵と和議を結び、敵を城内に入れたとの報告を受けたが、そのことを知っているか、否か」と。「その事は今、初めて聞きました。そもそも、どうして、我が藩が敵に下ったことを知っているのですか」と私が尋ねる。彼が言うには「前に吉田扶と言う人物が、大汗をかいた馬で鞭うちながらやって来て、脇部屋で総督丹羽丹波に報告するのを耳にしたのです。ところが丹羽丹波は我々に何も告げず密かにこの地を離れました。義（注・人の守るべき道）とは言えない行いです。そこで貴殿から丹羽丹波に告げてほしい」と。辰野は丹羽丹波に諸々話したいことがあった。辰野隊長は又言う。「先ほど貴藩の軍事奉行、成田彌格殿がわが三小隊を引き連れ、すでに二本松城下に向かわれた。それらの兵は必ずその場で捕らえられるであろう。願わくは、貴殿がこれから行って追いつき、三小隊をぜひ無事当地に連れ戻してほしい。更に貴藩の藩士二名を人質として私に預からせてほしい。そして、この人質は三小隊が戻ったら直ちに返すことにする」と。私は答えて言う。「御説の通りならば、事はあるいは事実かも知れません。それ故、貴殿の言われることはすべて了承しました。ただ、残念ながら、この地は山間僻地のため、馬、駕籠ともにありません。また、たとえあったとしても道路は険しく乗馬もできません。しかも私は、去る二四日から一睡もしておらず疲労この上ない状態です。しかし、今から足の動く限り急いで行き、三小隊に会ったら、必ず連れ戻しましょう。人質は藩士である守岡群七、丹羽丹波の与力である加藤司馬を残していきましょう（守岡は忠義心を奮い立たせ自ら止まることを願い出、加藤は逃れようとしたが、無理に止めた）。もし、追いつくことができず、予想した通りになってしまったら、小生は必ず当地に戻りましょう。その時は、小生一人を人質として、前の二人を放免願いたい」と。辰野が言う。「貴殿のお考え、すべて了承しました。貴殿の義気には深い感銘を覚えました。願わくは、一枚の誓書をいただきたい」と。そこで私はその通りにし、詳細に書き記し、暇乞いをして急いで走って行くと、途中で総督丹羽丹波の一行に追いつき、「辰野殿に対して、義を欠いたのではないですか」と私は申し上げ、さらに辰野殿からの伝言を述べた。総督丹羽丹波、黙考した後、部下二、三名を率いて再び深堀村に戻った。

二九日未明、敵軍は二本松を総攻撃する。総勢二万七～八〇〇〇と言う。味方は合わせて六〇〇余人。多勢に無勢で戦いにもならない。午前九時に落城し、生き残った兵は米沢方面に逃れた。この日（注・二八日）私は、前夜（注・二七日）二本松城下に着き、会津藩の武将との談判を成功させ、午後一二時に帰城し、経過を報告してから初めて夕食をとり、そのまま城中に留まった。この時父上（注・宗形治太夫）は老身でありながらも、若宮口関所を警護しておられた。当初は城への帰り道には必ず父上にお目にかかろうと楽しみにしていたが、深堀村の事件にあって、急ぎ抜け道を通り大隣寺脇に出てしまったため、志を遂げることができなくなった。そういうわけで、翌二九日の未明、わずかな閑《いとま》を見つけて、父上にお目にかかるために、若宮口に行こうと城門を出ると、供中《ぐちゅう》方面で攻撃が始まり、砲撃音が絶え間なく聞こえ、ますます激しくなった。やむを得ず、城中に戻り、とうとう父親にお目にかかることができなくなった。生涯残念この上ないことである。しばらくして、敵が進軍し、城前の山に立てこもり、猛烈な砲撃を加えてきた。この戦いを通じて、この時、最も激しく城中から応戦した。双方の砲声がごうごうと轟き、立ち上る炎と煙はもうもうと空いっぱいに広がる。もはや、多勢に無勢で、戦いにならない。城中からの砲火は次第にやみ、城に火を放ち、裏門より水原村を経て、米沢方面に退却する。家老丹羽一学、大城代家老内藤四郎兵ヱ、小城代丹羽和左ヱ衛門、その他丹羽新十郎、安部井又之丞等、城中で切腹する。この日の戦死者はおよそ二〇〇余名。私は和田一、齋藤半助、松井織江と四人で後に残るが、敵が四方にいるので出ることができない。城の後ろの山に潜んで、城中を見下ろすと、硝煙天に勢いよく吹き上がり、耳を聾するような爆発の音とラッパの音が山野にこだまし、やかましくて仕方がない。齋藤半助は言う。「国が亡び家臣が死ぬことはもとより覚悟していたことである。いっそ敵中に討ち入り死んだ方がよかった」と。和田一が言う。「今、大勢の敵の中で討死することは、我が分において満足であるとしても、もし自分が死んだら、一体誰がこの死に様を君家に報告できるのであろう。潔く討死しても、隠れ逃れ、あるいは脱走等の疑いをかけられ、子や孫の代までの恥辱となるのも残念なことである。その上、主君はご健在である。無駄死にをしてはいけない」と。一同これに同意し、銃を捨て、刀を抜いて囲みを突き、もし負傷したり戦死することになっても、お互いに助けることが叶わない状況になった時には、情を捨て、仲間を顧みることなくその場から走り去り、例え一人になっても生き長らえて、この状況を主君に報告することを約束し、皆、敵陣に突撃して城北より出て、ひた走って塩沢村（注・福島県二本松市）の農家に行き、昼食をとり、一人の農夫を案内役として水原（注・福島県福島市）に着いた。しかし、主君をはじめすべて大森（注・福島県福島市）、庭坂（注・福島県福島市）に退き、そこには一人もいなかった。

資料篇

I．国会事故調　東京電力福島原子力発電所事故調査委員会　報告書（日本語版）より「はじめに」（黒川清委員長）

はじめに

福島原子力発電所事故は終わっていない。

これは世界の原子力の歴史に残る大事故であり、科学技術先進国の一つである日本で起きたことに世界中の人々は驚愕した。世界が注目する中、日本政府と東京電力の事故対応の模様は、日本が抱えている根本的な問題を露呈することとなった。

福島第一原子力発電所は、日本で商業運転を始めた三番目の原子力発電所である。日本の原子力の民間利用は、一九五〇年代から検討が始まり、一九七〇年代のオイルショックを契機に、政界、官界、財界が一体となった国策として推進された。

原子力は、人類が獲得した最も強力で圧倒的なエネルギーであるだけではなく、巨大で複雑なシステムであり、その扱いは極めて高い専門性、運転と管理の能力が求められる。先進各国は、スリーマイル島原発事故やチェルノブイリ原発事故などといった多くの事故と経験から学んできた。世界の原子力に関わる規制当局は、あらゆる事故や災害から国民と環境を守るという基本姿勢を持ち、事業者は設備と運転の安全性の向上を実現すべく持続的な進化を続けてきた。

日本でも、大小さまざまな原子力発電所の事故があった。多くの場合、対応は不透明であり組織的な隠ぺいも行われた。日本政府は、電力会社一〇社の頂点にある東京電力とともに、原子力は安全であり、日本では事故など起こらないとして原子力を推進してきた。

そして、日本の原発は、いわば無防備のまま、3・11の日を迎えることとなった。想定できたはずの事故がなぜ起こったのか。その根本的な原因は、日本が高度経済成長を遂げたころにまで遡る。政界、官界、財界が一体となり、国策として共通の目標に向かって進む中、複雑に絡まった『規制の虜（Regulatory Capture）』が生まれた。そこには、ほぼ五〇年にわたる一党支配と、新卒一括採用、年功序列、終身雇用といった官と財の際立った組織構造と、それを当然と考える日本人の「思いこみ（マインドセット）」があった。経済成長に伴い、「自信」は次第に「おごり、慢心」に変わり始めた。入社や入省年次で上り詰める「単線路線のエリート」たちにとって、前例を踏襲すること、組織の利益を守ることは、重要な使命となった。この使命は、国民の命を守ることよりも優先され、世界の安全に対する動向を知りながらも、それらに目を向けず安全対策は先送りされた。

3・11の日、広範囲に及ぶ巨大地震、津波という自然災害と、それによって引き起こされた原子力災害への対応は、極めて困難なものだったことは疑いもない。しかも、この五〇年で初めてとなる歴史的な政権交代からわずか一八カ月の新政権下でこの事故を迎えた。当時の政府、規制当局、そして事業者は、原子力のシビアアクシデント（過酷事故）における心の準備や、各自の地位に伴う責任の重さへの理解、そして、それを果たす覚悟はあったのか。「想定外」「確認していない」などというばかりで危機管理能力を問われ、日本のみならず、世界に大きな影響を与えるような被害の拡大を招いた。この事故が「人災」であることは明らかで、歴代及び当時の政府、規制当局、そして事業者である東京電力による、人々の命と社会を守るという責任感の欠如があった。

この大事故から九カ月、国民の代表である国会（立法府）の下に、憲政史上初めて、政府からも事業者からも独立したこの調査委員会が、衆参両院において全会一致で議決され、誕生した。今回の事故原因の調査は、過去の規制や事業者との構造といった問題の根幹に触れずには核心にたどりつけない。私たちは、委員会の活動のキーワードを「国民」「未来」「世界」とした。そして、委員会の使命を、「国民による、国民のための事故調査」「過ちから学ぶ未来に向けた提言」「世界の中の日本という視点（日本の世界への責任）」とした。限られた条件の中、六カ月の調査活動を行った総括がこの報告書である。

一〇〇年ほど前に、ある警告が福島が生んだ偉人、朝河貫一によってなされていた。朝河は、日露戦争に勝利した後の日本国家のありように警鐘を鳴らす書『日本の禍機《かき》』を著し、日露戦争以後に「変われなかった」日本が進んで行くであろう道を、正確に予測していた。

「変われなかった」ことで、起きてしまった今回の大事故に、日本は今後どう対応し、どう変わっていくのか。これを、世界は厳しく注視している。この経験を私たちは無駄にしてはならない。国民の生活を守れなかった政府をはじめ、原子力関係諸機関、社会構造や日本人の「思いこみ（マインドセット）」を抜本的に改革し、この国の信頼を立て直す機会は今しかない。この報告書が、日本のこれからの在り方について私たち自身を検証し、変わり始める第一歩となることを期待している。

最後に、被災された福島の皆さま、特に将来を担う子どもたちの生活が一日でも早く落ち着かれることを心から祈りたい。また、日本が経験したこの大事故に手を差し伸べてくださった世界中の方々、私たち委員会の調査に協力、支援をしてくださった方々、初めての国会の事故調査委員会誕生に力を注がれた立法府の方々、そして、昼夜を問わず我々を支えてくださった事務局の方々に深い感謝の意を表したい。

東京電力福島原子力発電所事故調査委員会（国会事故調）
委員長　黒川 清

II. 同　英語版（Global Edition）国会事故調報告書「はじめに」

Preface

THE FUKUSHIMA DAIICHI NUCLEAR POWER PLANT ACCIDENT IS NOT OVER.

This large-scale accident will forever remain part of the world's history of nuclear power. The world was astounded at the fact that such an accident could occur in Japan, a scientifically and technologically advanced country. Caught in the focus of the world's attention, The Japanese government and Tokyo Electric Power Co. (TEPCO) revealed, in their response to the disaster, some fundamental problems underlying Japanese society.

The Fukushima Daiichi Nuclear Power Plant was the third nuclear power plant to start commercial operation in Japan. Japan began to study the commercial use of nuclear power in the 1950s. Following the oil crisis of the 1970s, nuclear power generation became part of Japan's national policy, unifying the political, bureaucratic, and business circles into one entity promoting its use.

Nuclear power is not only the most incredibly powerful energy ever acquired by the human race, but a colossally complicated system that requires extremely-high levels of expertise as well as operational and management competence. Advanced countries have learned lessons through experience and from many tragic events, including the Three Mile Island and Chernobyl accidents. Authorities in charge of the world's nuclear power have maintained a basic stance of protecting people and the environment from all sorts of accidents and disasters, while nuclear operators have evolved in sustaining and enhancing the safety of equipment and operations.

Japan has itself dealt with a number of nuclear power plant accidents, small and large. Most of these were responded to, but without sufficient transparency; sometimes they were concealed by the organizations concerned. The government, together with TEPCO, the largest of the country's ten utilities, promoted nuclear power by advocating its use as a safe energy source, while maintaining that accidents could not occur in Japan.

Consequently, the Japanese nuclear power plants were to face the March 11 earthquake totally unprepared.

Why did this accident, which should have been foreseeable, actually occur? The answer to this question dates to the time of Japan's high economic growth. As Japan pushed nuclear power generation as national policy with the political, bureaucratic, and business circles in perfect coordination, an intricate form of "Regulatory Capture" was created.

The factors that contributed to this include: the political dominance by a single party for nearly half a century; the distinct organizational structure of both the bureaucratic and business sectors, characterized by the hiring of new university graduates as a group; the seniority-based promotion system; the lifetime employment system; and the "mindset" of the Japanese people that took these for granted. As the economy developed, Japan's "self-confidence" started to develop into "arrogance and conceit."

The "single-track elites"—who make their way to the top of their organization according to the year of their entry into the company or the ministry—pursued the critical mission of abiding by precedent and defending the interests of their organization. They assigned a higher priority to this mission over that of protecting the lives of the people. Hence, while being aware of the global trends in safety control, Japan buried its head in the sand and put off implementing necessary safety measures.

We do not question the exceptional challenge entailed in the response to the vast scale of the disaster created by the earthquake, tsunami and the nuclear accident on March 11, 2012. Furthermore, we understand that the accident occurred a mere eighteen months after the historical change in power, the birth of a new (non-Liberal Democratic Party) government for the first time in some fifty years.

Were the government, regulators and the operator prepared to respond to a severe nuclear accident? Did they truly understand the weight of responsibility they bore in their respective positions? And were they fully committed to fulfill those responsibilities? To the contrary, they showed questionable risk management capabilities by repeatedly saying that circumstances were "beyond assumptions" and "not confirmed yet." This attitude actually exacerbated the damage that eventually impacted not only Japan, but the world at large. Undeniably, this accident was a "manmade disaster" that stemmed from the lack of a sense of responsibility in protecting the lives of the people and the society by present and past government administrations, regulators and TEPCO.

Nine months after this massive accident, the Fukushima Nuclear Accident Independent Investigation Commission was established by a unanimous resolution of both the House of Representatives and the House of Councilors of the National Diet, which represent the people of Japan. It is the first investigation commission in Japan's history of constitutional government, and is independent both from the government and from the operator, as set up under the National Diet of Japan.

To investigate what was at the center of this accident, we could not but touch upon the root of the problems of the former regulators and their relationship structure with the operators. The Commission chose three keywords as the bases of our investigative activities: the people, the future and the world. We defined our mission with phrases such as "conducting an investigation on the accident by the people for the people," and "to submit recommendations for the future based on the lessons learned from the mistakes," and "to investigate from the standpoint of Japan's status as a member of international society (Japan's responsibility to the world.)" This report is the fruit of six months of investigative activities carried through with a few constraints.

About a century ago, Kan-ichi Aasakawa, a great historian born and raised in Fukushima, blew the whistle in a book titled Nihon no kaki ("Crisis for Japan"). It was a wake-up call concerning the state model of Japan after the victory in the Japanese-Russo War. In his book, he accurately predicted the path that Japan, with its "inability to change," would take after the war's end.

How now will Japan deal with the aftermath of this catastrophe, which occurred as a result of Japan's "inability to change"? And how will the country, in fact, change subsequently? The world is closely watching Japan, and we, the Japanese people, must not throw this experience away. It is an opportunity, in turn, to drastically reform the government that failed to protect the livelihood of its people, the nuclear organizations, the social structure, and the "mindset" of the Japanese—thereby regaining confidence in the country. We hope this report serves as the first step for all Japanese to evaluate and transform ourselves in terms of the state model that Japan should pursue.

Last but not least, I strongly hope from the bottom of my heart that the people of Fukushima—particularly the children upon whose shoulders rest the future of Japan—will be able to resume their lives of peace as soon as possible. I would also like to express my deepest gratitude to the people all over of the world who extended their warm assistance and encouragement in the wake of this devastating accident. My sincere thanks also go to the many people who kindly cooperated and supported our investigation, the members of the Diet who unswervingly strove to make this National

Diet's investigation commission a reality, and all the staff of the commission office for their many days and nights of work.

THE NATIONAL DIET OF JAPAN
FUKUSHIMA NUCLEAR ACCIDENT
INDEPENDENT INVESTIGATION COMISSION
CHAIRMAN
KIYOSHI KUROKAWA

Ⅲ. エグゼグティブ・サマリー版(Executive Summary)国会事故調査報告書「はじめに」

Message from the Chairman

THE EARTHQUAKE AND TSUNAMI of March 11, 2011 were natural disasters of a magnitude that shocked the entire world. Although triggered by these cataclysmic events, the subsequent accident at the Fukushima Daiichi Nuclear Power Plant cannot be regarded as a natural disaster. It was a profoundly manmade disaster – that could and should have been foreseen and prevented. And its effects could have been mitigated by a more effective human response.

How could such an accident occur in Japan, a nation that takes such great pride in its global reputation for excellence in engineering and technology? This Commission believes the Japanese people – and the global community – deserve a full, honest and transparent answer to this question.

Our report catalogues a multitude of errors and willful negligence that left the Fukushima plant unprepared for the events of March 11. And it examines serious deficiencies in the response to the accident by TEPCO, regulators and the government.

For all the extensive detail it provides, what this report cannot fully convey – especially to a global audience – is the mindset that supported the negligence behind this disaster.

What must be admitted – very painfully – is that this was a disaster "Made in Japan." Its fundamental causes are to be found in the ingrained conventions of Japanese culture: our reflexive obedience; our reluctance to question authority; our devotion to 'sticking with the program'; our groupism; and our insularity.

Had other Japanese been in the shoes of those who bear responsibility for this accident, the result may well have been the same.

Following the 1970s "oil shocks," Japan accelerated the development of nuclear power in an effort to achieve national energy security. As such, it was embraced as a policy goal by government and business alike, and pursued with the same single-minded determination that drove Japan's postwar economic miracle.

With such a powerful mandate, nuclear power became an unstoppable force, immune to scrutiny by civil society. Its regulation was entrusted to the same government bureaucracy responsible for its promotion. At a time when Japan's self-confidence was soaring, a tightly knit elite with enormous financial resources had diminishing regard for anything 'not invented here.'

This conceit was reinforced by the collective mindset of Japanese bureaucracy, by which the first duty of any individual bureaucrat is to defend the interests of his organization. Carried to an extreme, this led bureaucrats to put organizational interests ahead of their paramount duty to protect public safety.

Only by grasping this mindset can one understand how Japan's nuclear industry managed to avoid absorbing the critical lessons learned from Three Mile Island and Chernobyl; and how it became accepted practice to resist regulatory pressure and cover up small-scale accidents. It was this mindset that led to the disaster at the Fukushima Daiichi Nuclear Plant.

This report singles out numerous individuals and organizations for harsh criticism, but the goal is not—and should not be—to lay blame. The goal must be to learn from this disaster, and reflect deeply on its fundamental causes, in order to ensure that it is never repeated.

Many of the lessons relate to policies and procedures, but the most important is one upon which each and every Japanese citizen should reflect very deeply.

The consequences of negligence at Fukushima stand out as catastrophic, but the mindset that supported it can be found across Japan. In recognizing that fact, each of us should reflect on our responsibility as individuals in a democratic society.

As the first investigative commission to be empowered by the legislature and independent of the bureaucracy, we hope this initiative can contribute to the development of Japan's civil society.

Above all, we have endeavored to produce a report that meets the highest standard of transparency. The people of Fukushima, the people of Japan and the global community deserve nothing less.

Chairman:

Kiyoshi Kurokawa

著者紹介

武田　徹（たけだ・とおる）
1941 年福島県郡山市生まれ。福島県立安積高等学校卒、福島大学卒（1964 年）。元福島県立高等学校教員。「福島国際交流の会」を 1987 年に結成、現会長。
1994 年ルワンダ難民「マリールイズ一家」を救出し、1997 年ルワンダに帰国するまで、「支える会」代表として支援活動を行う。“Fukushima Today & Tomorrow”（1991 年、研究社出版、共著）、“Kan’ichi Asakawa: *A Historian Who Worked for World Peace*”（2007 年 6 月、太陽出版、単著）。

梅田　秀男（うめた・ひでお）

1941 年福島県郡山市生まれ。福島県立安積高等学校卒、茨城大学卒（1964 年）。

元福島県立高等学校教員、高等学校長。

特定非営利活動法人ポプラ福祉会監事。

特定非営利活動法人ポプラ福祉会支援「ポプラの会」会長。

佐藤　博幸（さとう・ひろゆき）
1971 年福島県伊達郡川俣町生まれ（住居は現在避難解除準備区域）。福島県立川俣高等学校卒、福島大学卒（1994 年）。現福島県立喜多方高等学校教員。
「福島国際交流の会」役員。

共著
『安積中学校英語教師ハリファックス留任嘆願書』（2006 年 7 月）、『朝河正澄――戊辰戦争、立子山、そして貫一へ』（2006 年 8 月）、『T.E. ハリファックス』（2009 年 6 月）、『朝河貫一と四人の恩師』（2010 年 11 月、いずれも朝河貫一博士顕彰協会）。

100 年前からの警告――福島原発事故と朝河貫一

2014 年 5 月 15 日　初版第 1 刷発行

著者 ―――― 武田　徹、梅田秀男、佐藤博幸
発行者 ――― 平田　勝
発行 ―――― 花伝社
発売 ―――― 共栄書房
〒 101-0065　東京都千代田区西神田 2-5-11 出版輸送ビル 2F
電話　03-3263-3813
FAX　03-3239-8272
E-mail　kadensha@muf.biglobe.ne.jp
URL　http://kadensha.net
振替　00140-6-59661
装幀 ―――― 渡辺美知子
印刷・製本 ―― 中央精版印刷株式会社

ISBN 978-4-7634-0701-6 C0036